普通高等院校"十三五"创新型规划教材

会计信息化

主　编　蒋美娜　宋立温

副主编　姜久仿　王　祎

　　　　吴　平　王国丽

国家行政学院出版社

图书在版编目（CIP）数据

会计信息化 / 蒋美娜，宋立温主编 . —北京：国家行政学院出版社，2017.1

ISBN 978 - 7 - 5150 - 1914 - 7

Ⅰ.①会…　Ⅱ.①蒋…②宋…　Ⅲ.①会计信息－财务管理系统－高等职业教育－教材　Ⅳ.①F232

中国版本图书馆 CIP 数据核字（2017）第 000307 号

书　　名	会计信息化
作　　者	蒋美娜　宋立温
责任编辑	杨逢仪
出版发行	国家行政学院出版社
	（北京海淀区长春桥路 6 号 100089）
电　　话	（010）82967726
编 辑 部	（010）56199084
网　　址	http：//cbs. nsa. gov. cn
经　　销	新华书店
印　　刷	廊坊市广阳区九洲印刷厂
版　　次	2017 年 1 月第 1 版
印　　次	2017 年 1 月第 1 次印刷
开　　本	787mm×1092mm　　1/16
印　　张	18.5
字　　数	404 千字
书　　号	ISBN 978 - 7 - 5150 - 1914 - 7
定　　价	38.00 元

前　言

　　《会计信息化》是普通高等院校"十三五"创新型规划教材。我们按照教育部发布的会计专业、财务管理专业教学标准中对会计信息化课程的教学要求，结合会计电算化考试要求，按照突出职业能力和实践能力的原则进行编写。本书内容新颖，资源丰富，课、证、赛融通，教、学、做一体。在编写过程中，依托用友畅捷通 T3 财务软件的最新版本编写，全真模拟企业原始业务单据，使教材内容与会计岗位工作对接，教材内容与职业证书和技能大赛深度融合。采取项目式和任务式的编写方式，根据工作过程导向，将会计信息化的 6 个项目分解成 16 个任务，各个任务又按任务引例、任务实施、任务解析等几个环节实施教学，图文并茂，教学直观，真正实现了项目引领、过程导向、任务驱动、工学结合；本书以企业会计业务主要过程中的典型应用为主线，阐述会计信息化基础知识，培养学生系统运用所学知识独立进行会计财务软件操作的能力。项目和任务层层递进，全面铺开，不仅覆盖了必需的教学内容，而且还涵盖会计从业资格证考证内容，将教学与考证紧密结合。讲授、演示、练习有机结合；理论、实验、考证三位一体。全书由绪论、系统管理、总账管理、财务报表管理、工资管理、固定资产管理、供应链管理 7 大部分组成，以目前企事业单位使用最普遍、毕业生就业岗位应用最广泛的 T3 用友通标准版为蓝本来组织编写。本书可作为高等职业院校会计专业、会计电算化专业、财务管理专业及相关专业的课程教材，也可作为职工培训、自学、会计人员考证及参加各级会计信息化技能大赛训练的参考用书。本书由蒋美娜、宋立温担任主编，由姜久仿、王祎、吴平、王国丽担任副主编。具体编写分工如下：宋立温老师负责整体协调，确定编写思路，拟定详细的大纲，修改并定稿。吴平老师对本书进行了详细的审阅，提出了中肯的修改意见，姜久仿老师编写了绪论；蒋美娜老师编写了项目一、项目二、项目三、项目五；王祎老师编写了项目四；王国丽老师编写了项目六。本书在编写过程中，参阅了大量相关教材、专著和资料。用友新道科技有限公司提供了大量资料，在此向用友新道公司致以诚挚的谢意。由于编写人员水平有限，教材中难免存在疏漏之处，敬请广大读者批评指正，以便进一步修改和完善。

编　者

目　录

绪　论

一、会计信息化认知

20世纪中后期以来，各种高新技术如雨后春笋般纷纷涌现，其中最为突出的就是信息技术。目前，信息技术已经成为当代新技术革命最活跃的领域。信息技术是由计算机技术网络通信技术、传感技术等构成的综合性高新技术，是人类开发和利用信息资源的所有手段的总和。

(一)会计信息系统的概念

1. 系统及其特征

系统是由处于一定的环境中相互作用和相互联系的若干组成部分结合而成并为达到整体目的而存在的集合。系统具有以下特征：

整体性，是指系统内各部分之间存在相互依存关系，既相对独立又有机地联系在一起。

目的性，是指系统的全部活动都是为了实现特定的目标。虽然系统中各个部分的分工不同，整体目标却是相同的，系统内各部分都要为统一的目标发挥作用。

相关性，是指系统内的各个部分都是相互联系、密不可分的，同时系统还与外部资源相互关联。

环境适应性，是指系统应随外部环境的发展而做出相应的变动，以保持系统与外部环境的一致性。

2. 信息系统

信息系统是一个人造系统，它由人、硬件、软件和数据资源组成，目的是及时、正确地收集、加工、存储、传递和提供信息，实现组织中各项活动的管理、调节和控制。从过程来看，资料的输入、处理转化和信息输出的过程构成一个信息系统。企业的会计处理就是一个对资金运动进行处理的信息系统。会计人员将企业的各项交易或事项确认、计量、记录下来，输入各项经济活动的资料，通过会计人员的分类和整理将信息处理转化，而财务报告就是一个信息输出的过程。

3. 会计信息系统

一般认为，会计信息系统是管理信息系统的一个子系统，以电子计算机网络技术和现代信息技术为基础，以人为主导，充分利用计算机硬件、软件、网络通信设备以及其他办公设备，进行企事业单位会计业务数据的收集、存储、传输和加工，输出会计信息，并将其反馈给各有关部门，为企业的经营活动和决策活动提供帮助，为投资者、债权人、政府部门提供财务信息的系统。虽然会计信息系统的概念有多种表述，但其核心内容目前达成共识的，主要包括以下几个要点：

(1)该系统是管理信息系统的一个子系统；

(2)该系统采用了计算机和信息技术；

(3)该系统运用软件工程学的开发方法；

(4)该系统处理会计业务数据，提供会计信息；

(5)该系统能够进行财会分析、预测、决策和控制等管理。

(二)会计信息系统的特点

计算机会计信息系统与手工会计操作相比具有以下主要特点：

会计信息系统以计算机和互联网信息技术为主要工具，采用人机结合的方式，进行相互操作。

数据采集要求标准化和规范化。系统要从原始单据中接收或获取会计的原始数据，必须使输入的数据标准化、规范化，以适应计算机处理的需要。所以，要改变以往会计凭证不统一的状况，采取统一的编码，建立统一的数据输入格式，并加强对输入数据的校验，保证输入数据的正确性。特别是在互联网的环境下，各种原始凭证变成电子化的，原始凭证的传递变成网络方式的，会计信息系统可以通过互联网直接在企业内部和外部各个部门分散收集原始数据，这大大节省了原始数据收集的成本和时间，提高了原始数据的准确性。

数据处理方式集中化和自动化。数据处理集中化是指在实现会计电算化以后，由原来各个业务岗位的核算工作统一为计算机处理。特别是建立网络以后，由于数据的共享，所以数据的处理必须集中。数据处理自动化，是指在数据处理过程中，人工干预明显减少，程序被设定后，将对数据进行自动处理。

会计信息载体无纸化。在会计信息系统中，会计证、账、表信息的存储介质采用看不见、摸不着的光、电、磁介质。计算机采用的光、电、磁介质不同于纸张介质，人不能直接读取信息，只能存放在光、电、磁介质上，且信息量大、查询速度快、易于复制和删除。在互联网环境下，会计信息不仅存储无纸化，而且数据输入、处理过程、会计信息输出都采用无纸化的形式。

财务和业务的协同处理。一是财务和企业内部业务的协同。企业内部的业务流程很多，例如，以购销链为主的物流，以生产管理为主的生产流等。在这些业务流程中，产生的信息需要和资金流管理相协调，一旦产生财务信息，要并行送入会计信息系统进行加工、存储和处理，会计信息系统同样应将产生的有关数据及时送给业务系统，从而保证财务与业务步调一致、协同前进。二是财务和企业外部业务的协同。外部业务包括向客户的销售、催账，向供应商的询价、采购与银行的结算等。在企业经营链上，每一项业务活动的产生如果伴随着财务信息就必须及时处理，并将处理结果反馈给外部业务流程，实现与外部业务的协同。

(三)会计信息系统与手工会计核算的区别

无论是手工会计操作，还是采用计算机会计信息系统，对会计数据的处理和所提供的信息都要符合国家统一的会计制度的规定。但是，计算机和互联网环境下的会计信息与手工会计操作有很大的差别，主要体现在以下几个方面：

改变了原有的组织体系。在手工操作中，以会计事务的不同性质为依据划分会计工作组织体系，一般财务部门有若干个业务核算小组，如材料岗、工资岗等；在会计信息系统中，以数据的不同形态划分会计工作组织体系，一般要设置数据输入、审核、处理、输出和维护等岗位。

改变了会计核算形式和方法。手工会计核算形式和某些核算方法是手工条件下，必须进行设定，如要求账证核对等就是为了减少手工核算的错误而设定的。在会计信息系统中，会计人员不需要考虑手工下的业务处理流程，只要符合国家统一的会计制度的规定，可以从所要实现的目标出发，设计出业务流程更加合理、更能适应计算机处理、效率更高、计算更精确的会计核算形式和核算方法。

改变了原有的内部控制制度。在会计信息系统中，原来的内部控制方式部分被改变或取消。例如，原来靠账簿之间互相核对实现的查错、纠错控制基本上已经不复存在，而代之以更加严密的输入控制。控制范围已经从财务部门转变为财会部门和计算机处理部门，控制的方式也从单纯的手工控制转化为组织控制、手工控制和程序控制相结合的全面内部控制。例如，会计信息系统建立起了新的岗位责任制和严格的内部控制制度；会计信息系统增加了权限控制，各会计人员必须有自己的操作密码和操作权限；系统本身增加了各种自动平衡校验措施等。

改变账表存储方式，增加了输出过程。在手工操作中，总账、明细账、日记账都是严格区分的，并有其特定的格式，存储介质是看得见、摸得着的纸张。在会计信息系统中，账簿、报表所需数据是以数据库文件的形式保存在光、电、磁介质上的。当需要查看这些账簿或报表时，需要执行相应的会计信息输出功能，系统按事先设计的程序，自动从数据库文件中取得数据并进行筛选、分类、计算、汇总，然后按照国家统一的会计制度规定的格式，将指定的凭证或账簿或报表在计算机屏幕上显示出来或用打印机打印出来。

强化了会计的管理职能。在手工环境下，许多复杂、实用的会计模型，例如，最优经济订货批量模型、多元回归分析模型等很难在企业管理中得以实施，大部分预测、决策工作需要依赖管理者个人的主观判断。在会计信息系统中，会计人员一方面能够从繁重的会计核算工作中解脱出来，另一方面借助软件强大的分析、预测决策功能，利用实时的会计信息和其他信息，可以进行各种复杂的管理、分析和决策工作。

(四)会计信息系统的分类

计算机会计信息系统按功能层次可以分为以下几类。

电子数据处理系统是一种面向业务数据处理的信息系统。其主要功能是对业务数据进行登录、编辑、存储、按规定输出信息。它所追求的目标是用计算机代替人工操作，提高处理效率。

管理信息系统是为实现辅助管理功能而设置的一种信息系统。它是由电子数据处理系统逐渐发展形成的。其主要功能是在电子数据处理的基础上，依靠电子计算机存储的数据和建立的相应经济管理模型，迅速地为管理规划实时地提供必要的参考信息。一般来说，企业的计算机会计信息系统是管理信息系统的一个核心子系统。

决策支持系统，是以提高决策的效果为目标，面向决策者的一种信息系统。它是由管理信息系统逐渐发展形成的。关键组成部分是一个计算机为基础的、反映决策者面临的某些方面问题的模型库和对应的方法库。它们利用管理信息系统数据库中的信息，以及大量外部的、往往是半结构化和非结构化的信息，使用者模拟实际经营活动中可能出现的情况，在计算机上实验各种各样的处理方案，并且选最优方案辅助决策。

二、会计信息化应用

(一)会计信息化对企业管理的作用

会计信息化是会计与信息技术的结合，是信息社会对企业财务信息管理提出的一个新要求，是企业会计顺应信息化浪潮所作出的必要举措。它是网络环境下企业领导者获取信息的丰富渠道，有助于增强企业的竞争力，解决会计电算化存在的"孤岛"现象，提高会计管理决策能力和企业管理水平。第一，实现会计信息化以后，会计信息系统将真正成为企业管理信息系统的一个子系统。企业发生的各项业务，能够自动从企业的内部和外部采集相关的会计核算资料，并汇集于企业的内部会计信息系统进行实时处理。会计将从传统的记账算账的局限中解脱出来，从而更大地发挥会计的管理控制职能，让企业经营者和信息使用者可随时利用企业的会计信息对企业的未来财务形势作出合理的预测，为企业的管理和发展作出正确的决策。第二，由于信息技术的全面应用，极大地提高了信息的及时性，信息的预测价值和反馈价值大大提高，信息的流速也大大加快，有利于促进经济管理水平的提高。另外通过会计信息系统直接获取相关数据并进行分析，减少了人为的舞弊现象，从而也大大提高了会计信息的可靠性和信息的质量。第三，实现会计信息化后，会计不再是孤立的系统，而是一个实时处理、高度自动化的系统，它与其他业务系统和外界连接，可以直接从其他系统读取数据，并进行一系列的加工、处理、存储和传输。会计报告也可以采用电子联报方式进行实时报告，用户可以随时获取会计信息进行决策，提高了工作效率，促进了经济的发展。

(二)我国会计信息化在企业管理中应用的现状

会计信息化是网络时代企业领导者获取信息的主要渠道，有助于增强企业的竞争力，改变会计电算化孤立存在于企业财务管理的局面，提高会计管理决策能力和企业管理水平。

二十多年来中国会计信息化得到了一定的发展,虽然信息管理系统的功能不断增强,应用也越来越普及,特别是大中型企业已经在不同程度上实现了会计信息化,应用了核算型会计软件,但从总体来看,中国会计信息化还处在发展过程中,存在着诸多亟待解决的问题,因此,相关人员要积极采取有效措施。

1. 企业认识不足,理论研究滞后

目前我国会计信息化还处在发展阶段,因此,企业管理者对会计信息化还存在着认识不足,主要体现在以下几个方面:首先,企业管理者认为实现会计信息化的目的是为了实现财务的优化管理,而没有认识到会计信息化是企业发展建设的重要组成部分;其次,有的企业管理者认为会计信息化作用不大,因而不重视会计信息化的发展;最后,有的企业管理者认为有会计电算化就够了,因而也不重视信息化的发展。企业对会计信息化的认识不足使其推广十分不易。此外,会计信息化理论研究滞后,主要表现在以下几个方面:首先,目前的会计理论很少考虑到计算机技术以及网络进入会计领域所产生的变化;其次,企业作为会计主体,其外延的不断变化使会计主体模糊,这就需要重新认识会计主体的范围和界限;最后,市场是不断变动的,企业也是不断发展的,而相关的会计理论却没有跟上经济发展的步伐。所以要提高企业管理者对会计信息化的认识并促进会计理论的研究。

2. 财务数据难以实现共享

会计信息化运用的目的就在于实现企业财务的科学管理。然而要对企业财务进行科学的管理就必须要确保财务数据的安全和集中,企业内部进行财务核算就必须要实现财务数据的共享。然而由于我国企业管理意识不到位、资金短缺、人员缺乏、业务链脱节等原因使我国企业的财务数据难以实现共享。这集中表现在以下几个方面:首先,会计信息化要求财务信息以网络为传播媒介,然而以电子符号代替会计数据、磁介质代替纸介质的方法会使数据的安全性存在问题;其次,财务数据的种类繁多、关系复杂,这就需要开发出相对应的软件,然而一些企业缺乏资金和技术来完成这一项目;最后,财务数据的变动性和采集手法的原始性使得数据更新慢,无法真正满足数据共享的需要。因此,财务数据难以实现共享并制约会计信息化在企业中的推广和运用。所以要建立安全的财务信息管理系统。

3. 企业缺乏复合型会计信息化人才

会计信息化是现代会计和信息技术相结合的产物,对相应的会计人员、管理人员的素质要求大大提高,不仅要求他们具有较高的会计业务处理技能和管理能力,而且还要精通计算机网络知识、计算机的基本维护技能以及解决实际工作中各种问题的能力。从我国人才供给调查报告来看,我国中低层财会人才供给饱和,甚至过剩,而高尖端信息技术与会计相结合的专业人才却极度缺乏,供不应求。具体体现在会计领域,即能够完成手工记账式的人才比比皆是,而真正能够把现代信息技术引入会计界,能够满足会计信息化需要,推动会计信息化发展的人才却十分欠缺。因此,会计信息化复合型人才的缺乏是制约我国企业会计信息化发展的关键问题。

4. 会计信息化与企业信息化未能有机结合

实现会计信息化的主要目的是实现财务、业务、生产一体化，实现物流、信息流、资金流的统一性，这就要求财务信息和业务信息一体化。但从我国目前的实际情况看，还有一部分企业由于管理意识不到位，资金短缺、人员缺乏、业务链脱节等原因使财务软件大多只在财务部门使用，致使财务数据与业务数据不能共享，不仅造成横向上不能与银行、税务等部门信息共享，纵向上不能与客户、供应商及时沟通，而且与企业内部业务部门也没有很好的连接，不能实现财务与业务一体化，从而影响企业会计信息化实现的进程。

5. 内部控制方面的问题

在手工会计信息系统中，经济业务均记录在纸张上，所有的数据都以纸张为载体，纸质原件的数据若被修改，很容易辨认出修改线索和痕迹，从而使非法修改在一定程度上可被挽救。但在会计信息化环境下，以磁性介质作为信息载体，存储在计算机磁盘上的数据容易被修改，甚至能不留痕迹地被修改。另外，会计信息化环境下，也使得对会计信息档案的复制窃取变得更加容易且不易发现，同时，大部分会计软件都没有对存储在数据库中的数据进行加密，简单的复制数据库文件即可很轻易地获得会计信息档案资料。现代计算机技术的快速发展，导致计算机病毒日益猖獗。会计信息档案是以文件形式存储在计算机上的，当前的计算机病毒不仅可以破坏数据和网络通信功能，而且可以从被感染的计算机中获取系统控制权，直接将档案文件通过网络发送给病毒的支配者或监控计算机的硬件设备。不仅如此，随着计算机硬件和网络的发展，计算机病毒感染率正在日益提高，感染途径也从以前的存储介质传播发展到现在的在网络上传播。同时，大量的专用病毒和间谍软件的出现对会计信息数据的安全造成很大的威胁。手工会计信息系统中，每一项会计业务的每个环节都由有相应管理权限的责任人签名或者是盖章，这种管理方式可以有效地防止作弊。而在会计信息化环境中，系统授权方式主要是口令授权，通过绕过财务软件的关卡，可以打开计算机财务数据库进入财务报表等系统。

三、会计信息化发展

科学技术的进步和管理水平的提高对会计理论、会计方法和会计数据处理技术提出了更高的要求，使会计信息系统由简单到复杂，由落后到先进，由手工到机械，由机械到计算机。会计信息系统的发展历程是不断发展、不断完善的过程。

(一)国外会计信息系统的发展

会计电算化在国外起步于 20 世纪 50 年代。1954 年美国通用电气公司第一次利用计算机计算职工工资，开创了利用电子数据处理会计信息的新起点。这个时期计算机在会计领域的应用主要是核算业务的处理，目的主要是用计算机代替手工操作，减轻日常烦琐的手工登录与计算劳动，减少差错，提高会计工作效率。从 50 年代到 60 年代，会计电算化发展到了建立会计信息系统阶段，人们开始利用计算机对会计数据从单项处理向综合数据处理转变，除了完成基本账务处理外，还带有一定的管理和分析功能，为经济分析、经济决策提供会计信息。到了 70 年代，计算机技术迅猛发展，随着计算机网络技术的出现和数据库系统的广泛应用，形成了网络化的电子计算机会计信息系统。由于电子计算机的全面使用，各个功能系统可以共享储存在计算机上的整个企业生产经营成果数据库，从而极大提高了工作效率和管理水平。80 年代和 90 年代，由于微电子技术蓬勃发展，微型计算机大批涌现，会计信息系统得到迅速发展。特别是微型机通过通信电路形成计算机网络，提高了计算和处理数据的能力，微型机开始走入中小企业的会计业务处理领域，并得到迅速普及，财会人员不再视电子计算机为高深莫测的计算工具。时至今日，美国、日本、德国等西方发达国家的会计信息系统已经发展到了较为完善的程度。

（二）我国会计信息系统的发展

我国会计电算化工作始于 1979 年，其代表项目是 1979 年财政部支持并直接参与的在长春第一汽车制造厂进行的会计电算化试点工作。1981 年 8 月在财政部、一机部和中国会计学会的支持下，我国在长春召开了"财务、会计、成本应用计算机问题研讨会"，以总结这一工作的经验和成果。在这次会议上提出计算机在会计工作中的应用统称为会计电算化。从此开始，随着 80 年代计算机在全国各个领域的应用也得以迅速发展。概括起来，我国 30 多年来会计信息系统的发展大体可分为以下四个阶段。

起步阶段（1983 年以前）。这个阶段起始于 70 年代少数企事业单位单项会计业务的电算化，计算机技术应用到会计领域的范围十分狭窄，涉及的业务内容十分单一，最为普遍的是工资核算的电算化。在这个阶段，由于会计电算化人员缺乏，计算机硬件比较昂贵，软件汉化不理想，会计电算化没有得到高度重视，致使会计电算化发展比较缓慢。

自发发展阶段（1983—1986 年）。这个阶段，全国掀起了计算机应用的热潮，加上微机在国内市场上大量出现，企业也有了开展电算化工作的愿望，纷纷组织力量开发财务软件。但是这一时期由于会计电算化工作在宏观上缺乏统一的规范、指导和相应的管理制度，加之我国计算机在经济管理领域的应用同样处于发展的初级阶段，开展会计电算化的单位也没有建立相应的组织管理制度和控制措施，使得会计电算化工作和会计软件的开发，多是单位各自为政，盲目自行组织和开发软件，低水平重复开发现象严重。会计软件的通用性、适用性差。财务软件一家一户地自己开发，投资大、周期长、见效慢，造成大量的人力物力和财力的浪费。针对这种情况，我国开始了对会计电算化实践经验的总结和理论研究工作，并开始培养既懂会计又懂计算机的复合型人才。

稳步发展阶段（1987—1996 年）。在这一阶段，财政部和中国会计学会在全国大力推广会计电算化并加强会计电算化的管理工作。各地区财政部门以及企业管理部门也逐步开始对会计电算化工作进行组织和管理，使会计电算化工作走上了有组织、有计划的发展轨道，得到了蓬勃的发展。这个阶段的主要标志是商品化财务软件市场从幼年走向成熟，初步形成了财务软件市场和财务软件产业。一部分企事业单位逐步认识到开展会计电算化的重要性，纷纷购买商品化财务软件或自行开发财务软件，甩掉了手工操作，实现了会计核算业务的电算化处理。在会计电算化人才培养方面，许多中等或专科院校开设了会计电算化专业。在大学本科教育中，会计学及相关专业也开设了会计电算化课程，在对在职财会人员的培训中，加大了会计电算化的培训力度，与单位会计电算化工作的开发相配套的各种组织管理制度及其控制措施逐步建立和成熟起来。会计电算化的理论研究工作开始取得成效。

竞争提高阶段(1996年至今)。随着会计电算化工作的深入开展，特别是在财政部门的大力推广下，财务软件市场进一步成熟，并出现激烈竞争的势态，各类财务软件在市场竞争中进一步拓展功能，各专业软件公司进一步发展壮大。这一阶段的主要标志为国外一些优秀的财务软件进入并开始在国内市场立足；国内老牌专业财务软件公司逐步壮大发展，如用友软件年销售额已突破亿元，并迅速发展壮大一批后起之秀，如深圳金蝶、山东国强、杭州新中大等专业的财务软件公司。管理型财务软件的成功开发及推广应用，进一步拓展了财务软件的功能，提高了计算机在财务会计领域中作用的发挥程度；会计电算化专业人才的培养进一步加快步伐，特别是中高级人才的培养力度加大，使会计电算化研究方向的研究生进一步增加，并开始在会计电算化方向设立博士生。另外，部分专业的财务软件公司在成功推广应用管理型财务软件的基础上，又开始研制并试点推广MRPⅡ和ERP软件。

(三)会计信息系统的发展趋势

会计电算化进一步得到普及和推广。近年来，我国财务软件水平提高很快，一些国产软件产品很受欢迎，为基层单位开展会计电算化工作提供了前提条件，尤其是在各级政府的支持和社会各界的努力下，不断掀起会计电算化知识培训的热潮，为全面普及会计电算化奠定了人才基础，推动了会计电算化的普及。为促进会计电算化的普及和推广，财政部提出，到2011年，力争使80%以上基层单位基本实现会计电算化，从根本上扭转会计信息处理手段落后的状况。

会计电算化的开展与管理将更加规范和标准。为搞好会计电算化管理制度的建设，应不断完善会计电算化管理制度，运用新的管理原理，进一步组织实施已有的管理办法。目前财政部已制定颁发了会计电算化的管理规则，随着这些规则的贯彻实施，将使会计电算化管理工作更加规范。会计软件的开发向着工程化和商品化发展，会计软件商品化加速了我国商品化会计市场的形成。目前会计软件的开发已从以往的经验开发转向科学化、工程化开发，一些会计软件公司集中了各种软件技术专家，开发通用化、规范化的会计软件，并通过提高软件的实用性、功能性和可靠性以及良好的售后服务进行竞争。随着商品化会计软件的日益增多、日益成熟，我国商品化的会计软件市场将不断成熟和完善。

会计软件更加注重功能上的综合化和技术上的集成化。企业的生产经营活动是一个相互联系、相互制约的有机整体，会计不仅要综合反映和监督企业的财务状况和经营成果，而且要参与和支持企业的生产经营和管理活动。企业的产、供、销各个环节的经营好坏，人、财、物各项消耗的节约与浪费，直接影响企业的财务状况和经营成果。因此，要开展预测、决策、控制和分析等工作，不仅需要财会数据，而且还必须有供、产、销等方面的经济信息，这就要求会计电算化系统应首先具备综合组织管理这些数据的能力，并在对这些数据综合处理的基础上，能够进一步利用系统数据进行统计、分析、预测等处理，使原来单一的会计核算发展为集核算、监督、管理、控制、分析、预测和决策支持为一体的综合系统。

会计数据处理的大量化和多维化。预测、决策、控制、管理和分析，不仅需要企业内部数据，也需要企业外部数据，而且需要历史数据；不仅需要反映企业年产经营活动的会计数据，而且需要市场、物价、金融、政策和投资等经济数据，系统数据量明显加大。另外，为了有效支持预测、决策的实施，需要对各项数据进行多维分析与观察。目前新推出的数据仓库、联机分析处理、数据挖掘等技术，将有力地支持大量数据的处理和存储，支持数据的多维分析和多维观察。

会计信息系统的网络化与智能化。计算机网络技术，特别是局域网已广泛应用于会计电算化系统，使会计电算化系统实现了各个工作站的并发操作、统一管理和数据共享。随着集团公司的发展和全国各地分支机构的建立，一些企业提出了更高的要求，如中远程数据传输、中远程数据查询、中远程维护等，计算机网络技术的发展，为会计电算化系统满足企业的需求提供了强大的技术支持。另外，随着市场经济的发展，影响经济变化的因素越来越复杂，预测、决策、管理、控制和分析的难度越来越大，除了要不断提高工作人员的信息处理水平、加大数据量的采集和运用，还要逐步实现信息系统的智能化，利用人工智能的研究成果，采集专家的经验和智慧，以辅助企业的经营管理决策等，所有这些对软件智能化的要求同样是会计电算化软件今后的努力目标。

会计电算化专门人才队伍的形成。会计电算化人才的培养一直是会计电算化的重点工作之一，在财政部门和有关教育部门的领导支持和大力推动下，目前我国已培养了一部分会计电算化的专业人员，但是与会计信息系统的发展和企业与市场的需求相比，财会人员的会计电算化水平还相差很远，专业的会计电算化人员特别是具有中高级技术水平的人才仍很匮乏，人才的缺乏必定会阻碍会计信息系统的发展。因此，加强对会计电算化专门人才的培养从而形成和壮大会计电算化专门人才队伍是会计信息系统发展的必然趋势。

项目一　系统管理

技能目标

●掌握用友畅捷通 T3 财务软件系统管理模块的主要功能，会建立账套、增加操作员、设置操作员权限、修改账套、引入账套、输出账套；

●熟悉年度账的管理，能输出年度账、引入年度账和建立新年度账；

●掌握基础档案设置的内容，能设置部门档案、职员档案、客户分类、客户档、供应商分类、供应商档案等。

工作任务

●账套建立、修改、引入和输出，操作员增加和权限设置；

●新年度账建立；

●系统启用，单据格式设置，单据编号设置；

●各类基础档案设置。

任务一　系统资料设置

任务引例

潍坊东江电子设备有限公司是一家中型工业企业，位于潍坊市高新区产业园 101 号。注册资本：人民币 600 万元。主要生产、销售鼠标、USB 延长线、视频转换器等电子设备配件。机构代码：57453420－2；单位简称：潍坊东江；法人代表：李江；邮政编码：261061；联系电话：0536－8677288；税号：370701257581305111。

2015 年 1 月 1 日正式使用用友畅捷通 T3 财务软件。使用该软件的操作员主要有：001

赵丽，账套主管（主管会计）；002 丁浩，总账会计；003 李慧，出纳；004 张平，业务主管。丁浩拥有"公用目录设置""现金管理""往来""总账""财务分析""固定资产""工资管理""应收管理""应付管理""核算"中的所有权限。李慧拥有"公用目录设置""总账""现金管理""往来"的所有权限。张平拥有"公用目录设置""往来""采购管理""销售管理""库存管理""应收管理""应付管理""核算"的所有权限。

该公司想建立一个账套，如何实现呢？

任务实施

一、启动系统管理

执行"开始→所有程序→畅捷通 T3 系列管理软件→畅捷通 T3→系统管理"命令，启动系统管理模块。如图 1-1 所示。或双击桌面上的"系统管理"图标。

图 1-1　启动"系统管理"界面

【知识链接】

系统管理是进行账套初始化的操作界面，是会计信息系统运行的基础，它为其他子系统提供了公共的账套、年度账及其他相关的基础数据，各子系统的操作员也需要在系统管理中统一设置并分配功能权限。

系统管理的主要功能主要包括以下三个方面：

(1)账套管理。账套是指一组相互关联的数据。每个企业都有一套完整的财务体系，把这样一套完整的财务体系建立在计算机软件中就称为一个账套。通常情况下，我们可以为企业中每一个独立核算的单位建立一个账套，系统最多可以建立 999 个账套。账套管理主要包括账套建立、账套修改、账套输出、账套引入和账套删除。

(2)年度账管理。如果把账套中的数据按年度划分，就是年度账，因此，账套是由各年度账组成的。年度账管理主要包括年度账的建立、引入、输出，上年数据结转和清空年度数据。

(3)操作员及操作员权限管理。为了保证系统的安全及财务数据的保密，系统管理提供操作员和操作员权限的集中管理功能。通过对系统操作员分工和权限的管理，一方面可以避免业务无关人员进入系统，另一方面可以对系统所包含的各个子系统的操作进行协调。操作员及操作员权限管理主要包括操作员角色定义、操作员增加和操作员权限设置。

二、注册登录系统管理

"注册登录系统管理"界面如图 1-2 所示。

(1)在"系统管理"窗口中，执行"系统→注册"命令，打开"注册[控制台]"对话框。

(2)输入数据。用户名：admin；密码：（空）。

(3)单击"确定"按钮，以系统管理员身份进入系统管理。

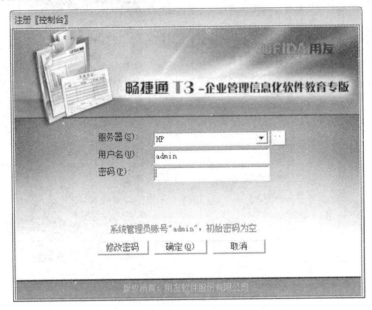

图 1-2 "注册登录系统管理"界面

操作提示：

● 为了保证系统的安全性，在"系统管理员登录"对话框中，可以设置或更改系统管理员的密码。单击"修改密码"按钮，打开"设置操作员口令"对话框，在"新口令"和"确认新口令"后面的输入区中均输入新密码，最后单击【确定】按钮，返回系统管理。

●一定要牢记设置的系统管理员密码，否则无法以系统管理员的身份进入系统管理，也就不能执行账套数据的输出和引入。

●考虑实际教学环境，建议不要设置系统管理员密码。

【知识链接】

只有两种身份可以注册登录系统管理：系统管理员和账套主管。

系统管理员负责整个系统的总体控制和维护工作，可以管理本系统中所有账套。以系统管理员的身份（admin）注册登录，可以建立、修改、输出、引入和删除账套，设置操作员和账套主管，设置和修改操作员的密码及权限。

账套主管负责自己账套的维护工作，主要包括对所管理账套的修改、年度账的管理，以及该账套一般操作员权限的设置。对于其所管理的账套，账套主管是级别最高的，拥有账套内所有模块的操作权限。

账套主管是由系统管理员指定的，所以必须由系统管理员身份（admin）注册进入系统管理模块，建立账套后指定其相应的账套主管，之后账套主管才能进入系统管理。

三、增加操作员

（1）执行"权限→操作员"命令，进入"用户管理"窗口，窗口中显示系统预设的几位操作员：demo、SYSTEM 和 UFSOFT 等。

（2）单击工具栏中的"增加"按钮，打开"增加操作员"对话框。

（3）输入数据。

编号：01；姓名：赵丽；口令：1；确认口令：1；所属部门：财务部。

单击"增加"按钮，如图 1-3 所示。

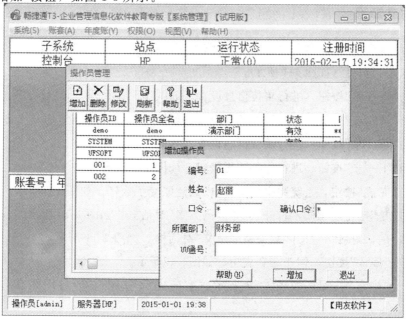

图 1-3　"增加操作员"界面

依次输入其他操作员资料，如表 1-1 所示。最后单击"退出"按钮。

表 1-1　操作员资料

编号	姓名	口令	所属部门
01	赵丽	1	财务部
02	丁浩	2	财务部
03	李慧	3	财务部
04	张平	4	采购部

操作提示：

● 只有系统管理员才有权限设置操作员。

● 操作员编号在系统中必须唯一，即使是不同的账套，操作员编号也不能重复。

● 设置操作员口令时，为保密起见，输入的口令字以"＊"号在屏幕上显示。

● 所设置的操作员用户一旦被引用，便不能被修改和删除。

【知识链接】

操作员也叫用户，是指有权登录系统，并对软件进行操作的人员。

不同的操作员，具有的软件操作权限不同，限制无关人员对系统数据的查询和更改，从而保障系统信息安全。

系统管理员可以增加所有操作员，设置其权限。账套主管只能设置一般操作员。

四、建立账套

(1)执行"账套→建立"命令，打开"创建账套"对话框。

(2)输入账套信息。如图 1-4 所示。

(3)单击"下一步"按钮，进行单位信息设置。如图 1-5 所示。

(4)单击"下一步"按钮，进行核算类型设置。如图 1-6 所示。

(5)单击"下一步"按钮，进行基础信息设置。如图 1-7 所示。

(6)单击"下一步"按钮。进行业务流程设置。如图 1-8 所示。

(7)单击"完成"按钮，系统弹出提示"可以创建账套了么？"。如图 1-9 所示。

(8)单击"是"按钮，稍候，打开"分类编码方案"对话框。如图 1-10 所示。

(9)单击"确认"按钮，打开"数据精度定义"对话框。如图 1-11 所示。

(10)单击"确认"按钮，创建账套成功。如图 1-12 所示。

(11)单击"确定"按钮。如图 1-13 所示。系统提示"是否立即启用账套"。单击"是"按钮。

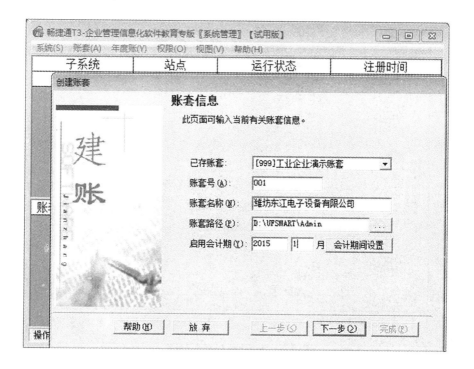

图 1-4　"创建账套"界面

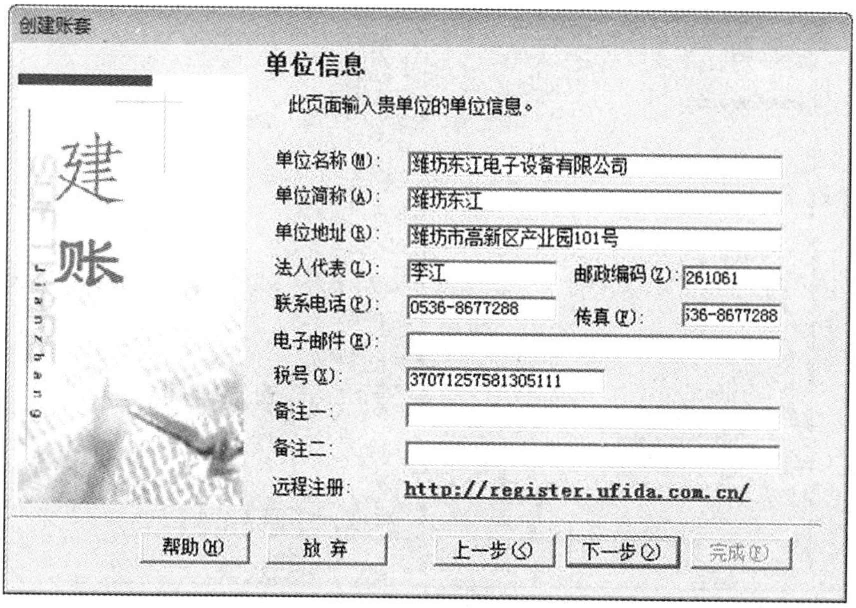

图 1-5　设置"单位信息"界面

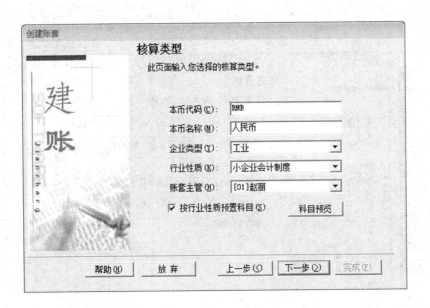

图 1-6　设置"核算类型"界面

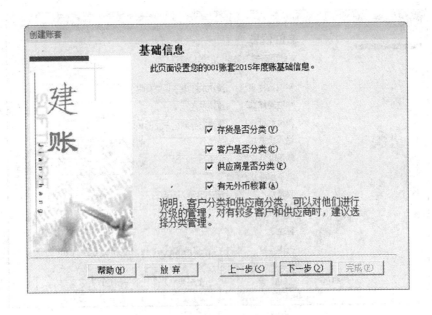

图 1-7　设置"基础信息"界面

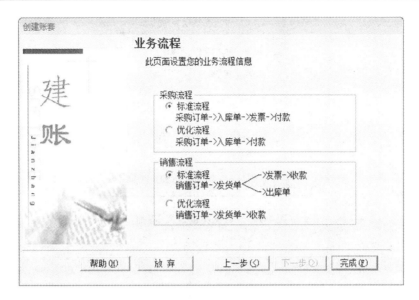

图 1-8 设置"业务流程"界面

图 1-9 "创建账套"界面

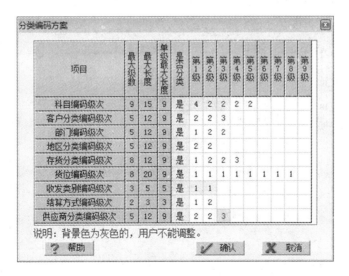

项目	最大级数	最大长度	单级最大长度	是否分类	第1级	第2级	第3级	第4级	第5级	第6级	第7级	第8级	第9级
科目编码级次	9	15	9	是	4	2	2	2	2				
客户分类编码级次	5	12	9	是	2	2	3						
部门编码级次	5	12	9	是	1	2	2						
地区分类编码级次	5	12	9	是	2	2							
存货分类编码级次	8	12	9	是	1	2	2	3					
货位编码级次	8	20	9	是	1	1	1	1	1	1	1	1	
收发类别编码级次	3	5	5	是	1	1							
结算方式编码级次	2	3	3	是	1	2							
供应商分类编码级次	5	12	9	是	2	2	3						

说明：背景色为灰色的，用户不能调整。

图 1-10 "分类编码方案"界面

图 1-11　"数据精度定义"界面

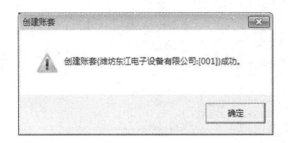

图 1-12　"创建账套成功"界面

图 1-13　"是否立即启用账套"界面

　　(12)选中"总账"复选框,弹出"日历"对话框,选择日期"2015 年 1 月 1 日"。如图 1-14 所示。同理启用"固定资产""核算""工资管理""购销存管理"复选框。

图 1-14　"系统启用"界面

（13）单击"确定"按钮。系统提示"确实要启用当前系统吗？"，单击"是"按钮。

（14）最后单击"退出"按钮。

操作提示：

●账套路径是用来确定新建账套将要被放置的位置，系统默认的路径为"C：\ UFSMART \ ADMIN"，用户可以更改。

●单位信息中"单位名称"和"单位简称"必须输入。其他栏目都属于任选项。

●系统提供了工业、商业两种企业类型。如果选择工业模式，则系统不能处理受托代销业务；如果选择商业模式，委托代销和受托代销都能处理。

●在建立账套后，可立即启用要使用的模块。在此也可以不启用，当需要使用某个模块时，可以账套主管的身份注册"系统管理"并启用该模块。

【知识链接】

账套管理包括账套的建立、修改、导入、导出、删除。其中，系统管理员负责账套的建立、导入、导出和删除，账套主管负责账套的修改。

建立账套，即为本企业建立一套账簿文件。初次使用畅捷通T3财务软件时，需要根据启用具体情况进行账套参数设置，主要包括企业信息、核算单位名称、启用期间、编码规则等基础信息。

五、分配权限

（1）执行"权限→权限"命令，进入"操作员权限"窗口。如图 1-15 所示。

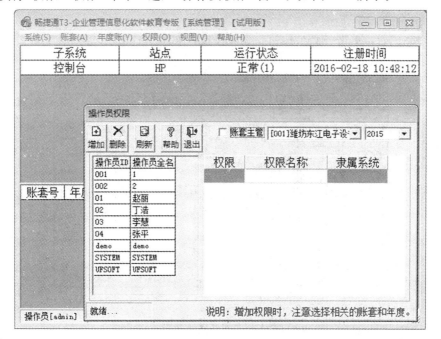

图 1-15　"操作员权限"界面

（2）选择"001 账套""2015 年度"。

（3）选择"丁浩"，单击工具栏中的"增加"按钮，打开"增加权限"对话框。

（4）双击选择"公用目录设置"权限，则设定了"公用目录设置"的全部权限。按实验资料（见表 1-2）再设置其他权限。如图 1-16 所示。（在"增加权限"界面，左侧为模块大类，双击则选定该模块内的所有权限。如果需要只设置大类下的某一明细权限，则单击选中左侧大类，之后再双击右侧明细类授权。）

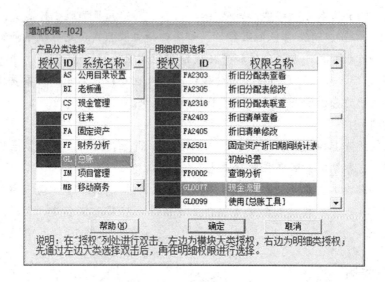

图 1-16 "设置权限"界面

（5）全部完成后，单击"确定"按钮，完成授权，如图 1-17 所示。

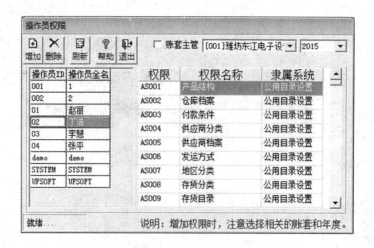

图 1-17 完成授权界面

表 1-2　操作员权限表

编号	姓名	所属部门	角色	权限
01	赵丽	财务部	账套主管	账套主管的全部权限。
02	丁浩	财务部	总账会计	"公用目录设置""现金管理""往来""总账""财务分析""固定资产""工资管理""应收管理""应付管理""核算"中的所有权限。
03	李慧	财务部	出纳	"公用目录设置""总账""现金管理""往来"的所有权限。
04	张平	采购部	业务主管	"公用目录设置""往来""采购管理""销售管理""库存管理""应收管理""应付管理""核算"的所有权限。

操作提示：

- 一个账套可以设定多个账套主管。账套主管自动拥有该账套的所有权限。
- 拥有不同权限的操作员进入系统，所看到的系统界面及可操作的功能是不同的。

【知识链接】

系统管理员和账套主管，二者都可以设置操作员的权限。不同的是，系统管理员(admin)可以指定或取消某一操作员为一个账套的主管，也可以对系统内所有账套的操作员进行授权；而账套主管只能设置其所管辖的账套内权限。

账套管理包括账套的建立、修改、导入、导出、删除。其中，系统管理员负责账套的建立、导入、导出和删除，账套主管负责账套的修改。

建立账套，即为本企业建立一套账簿文件。初次使用畅捷通 T3 财务软件时，需要根据启用具体情况进行账套参数设置，主要包括企业信息、核算单位名称、启用期间、编码规则等基础信息。

六、备份账套数据

备份账套数据是指将所选的账套数据从本系统中输出，保存起来备用。

(1)执行"账套→备份"命令，打开"账套输出"对话框。如图 1-18 所示。

(2)选择需要输出的账套 001。单击"确认"按钮，弹出系统提示信息"压缩进程，请等待"。

(3)系统压缩完成所选账套数据后，弹出"选择备份目标"对话框。单击下拉列表框，选择需要将账套数据输出的驱动器及文件夹。

(4)单击"确认"按钮。

(5)系统弹出系统提示"备份完毕!"，单击"确定"按钮返回。

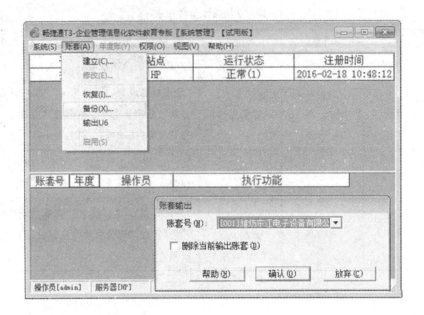

图 1-18 "账套输出"界面

操作提示：

● 只有系统管理员（admin）才能备份账套数据。备份的账套数据名为"UFDATA. BA
＿"。

● 在备份账套数据时，系统要拷贝和压缩进程，这需要一段时间。根据机器的快慢和数据量的大小，备份需要的时间也不确定。因此，在上机实验时，要耐心等待。

● 若要删除账套，在"账套备份"对话框中，选择"删除当前输出账套"选项。但正在使用的账套不能删除。

● 账套数据必须先备份输出到本地硬盘上，然后根据需要复制到 U 盘或移动硬盘上，以便妥善保存。

【知识链接】

备份账套数据主要是将所选中的账套进行账套数据备份。如果在备份账套数据的过程中选中"删除当前输出账套"，则输出账套后，原来账套即被删除。

七、恢复账套数据

（1）执行"账套→恢复"命令，打开"恢复账套数据"对话框。如图 1-19 所示。

（2）打开相应的账套路径，选择账套文件"UF2KAct. Lst"。单击"打开"按钮。

（3）系统提示"正在恢复××账套，请等待"，最后提示"账套××恢复成功"，单击"确定"按钮。如图 1-20 所示。

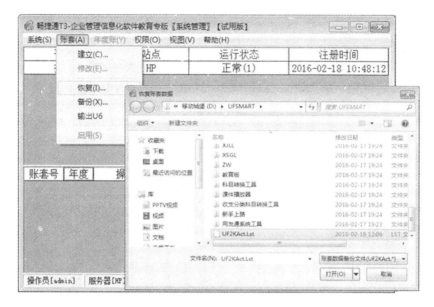

图 1-19　"恢复账套数据"界面

图 1-20　账套数据恢复成功界面

操作提示：

●只有系统管理员（admin）才能恢复账套。

●恢复账套时，若系统中存在的账套号与引入的账套号相同，则系统提示"是否覆盖系统中的账套？"。若恢复不成功，可先将原账套备份并删除，然后再恢复。

【知识链接】

恢复账套数据，是指将系统外的某一账套数据导入本系统中。

恢复账套数据可用于以前保存数据的使用和集团公司数据的操作，子公司账套数据可以定期导入母公司系统中，以便于进行有关账务数据的合并和分析管理工作。

八、修改账套数据

（1）在"系统管理"窗口，执行"系统→注册"命令，打开"注册【控制台】"对话框。如图1-21所示。（如果此前是以系统管理员的身份注册进入系统管理，那么需要首先执行"系统→注销"命令，注销当前系统操作员，再以账套主管的身份登录。）

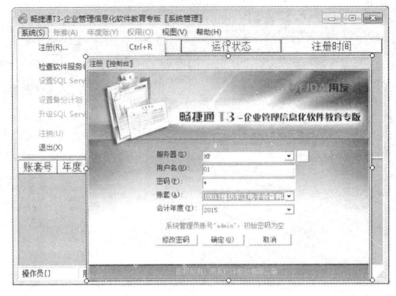

图1-21 "注册控制台"界面

（2）输入数据：用户名"01"；密码"1"。选择账套"［001］潍坊东江电子设备有限责任公司"；会计年度"2015"。

（3）单击"确定"按钮，进入"系统管理"窗口，菜单中显示为黑色字体的部分为账套主管可以操作的内容。

（4）执行"账套→修改"命令，打开"修改账套"对话框，可修改的账套信息以白色显示，不可修改的账套信息以灰色显示。如图1-22所示。

图1-22 "修改账套信息"界面

（5）修改完成后，单击"完成"按钮，弹出系统提示信息"确认修改账套了么？"，单击"是"按钮，确定"分类编码方案"和"数据精度定义"，单击"确认"按钮，弹出系统提示"修改账套成功！"。

操作提示：

● 只有账套的账套主管才能修改该账套的信息。

● 修改账套时，很多参数不能修改，对于不能修改的账套参数，只能将账套删除并重新建立账套。因此，在建立账套时要先确定好各参数并谨慎输入。

【知识链接】

账套主管可以通过修改账套功能，查看该账套的账套信息，也可以修改部分账套信息。如果账套已经启用了，这时需要修改建账参数，可以以账套主管的身份注册进入系统管理进行操作。

任务解析

赵丽以系统管理员的身份注册，登录系统管理，先增加操作员，再根据企业的资料建立账套，最后设置操作员权限。这样一个账套就初步建好了。

任务二　基础档案设置

任务引例

潍坊东江电子设备有限公司建立账套后，开始设置基本信息、基础档案、数据权限和单据，为企业日后账务处理的日常业务做好准备。

账套主管赵丽应该在哪里进行设置呢？

潍坊东江电子设备有限责任公司基础档案资料如下：

（1）部门档案，见表1-3。

表1-3　部门档案

编号	名称	部门属性
1	综合处	管理部门
101	总经理办公室	综合管理

编号	名称	部门属性
102	财务部	财务管理
2	销售部	销售管理
3	生产车间	生产车间
4	采购部	采购管理

(2)职员档案，见表1-4。

表1-4　职员档案

职员编号	职员名称	所属部门	人员类别
101	李斌	总经理办公室	经理人员
102	赵丽	财务部	经理人员
103	丁浩	财务部	管理人员
104	李慧	财务部	管理人员
201	王欣	销售部	经理人员
301	陈帅	生产车间	生产人员
401	张平	采购部	经理人员

(3)客户分类，见表1-5。

表1-5　客户分类

客户分类编码	客户分类名称
01	工业
02	商业
03	事业

(4)客户档案，见表1-6。

表1-6　客户档案

客户编号	客户名称	客户简称	所属地区码	所属分类码
001	浙江银河科技有限公司	银河科技	02	02
002	广东燃气有限公司	广东燃气	02	03
003	北京清和电子有限公司	清和电子	01	01

(5)供应商分类，见表1-7。

表 1-7   供应商分类

供应商分类编码	供应商分类名称
01	工业
02	商业
03	事业

(6)供应商档案，见表 1-8。

表 1-8   供应商档案

供应商编号	供应商名称	供应商简称	所属分类码	所属地区码
001	江南煤气有限公司	江南煤气	03	02
002	北京龙达实业有限公司	龙达实业	02	01
003	天津发电设备厂	天津发电	01	01
004	长江运输公司	长江运输	02	02

(7)地区分类，见表 1-9。

表 1-9   地区分类

地区类别编码	地区类别名称
01	北部地区
02	南部地区

(8)外币及汇率。币符：USD；币名：美元；固定汇率 1∶6.2。

(9)结算方式，见表 1-10。

表 1-10   结算方式

编码	结算方式	票据管理标志
1	现金结算	否
2	支票	否
201	现金支票	是
202	转账支票	是
3	商业汇票	是
4	其他	否

(10)开户银行。编码：01；名称：潍坊市工商银行南京路支行；账号：65678281

任务实施

以账套主管"01 赵丽"的身份注册企业门户。操作日期：2015 年 1 月 1 日。

一、启动注册企业门户

(1)执行"开始→程序→畅捷通 T3 系列管理软件→畅捷通 T3"命令或双击桌面的"用友通"图标，打开"注册【控制台】"对话框。

(2)输入或选择数据。用户名：01；密码：1；账套：[001]潍坊东江电子设备有限责任公司；会计年度：2015；日期：2015−01−01。如图 1-23 所示。

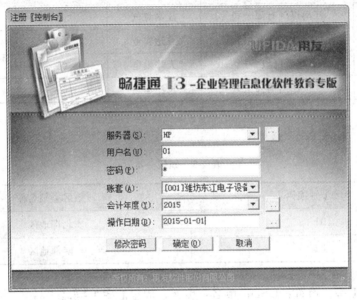

图 1-23　启动企业门户界面

(3)单击"确定"按钮。

(4)关闭期初档案录入窗口。

二、设置部门档案

(1)执行"基础设置→机构设置→部门档案"命令，打开"部门档案"窗口。如图 1-24 所示。

(2)在"部门档案"窗口中，单击"增加"按钮。如图 1-25 所示。

(3)输入数据。部门编码：1；部门名称：综合处；部门属性：管理部门。

(4)单击"保存"按钮。

(5)同理，增加其他部门档案信息。设置完成后退出。

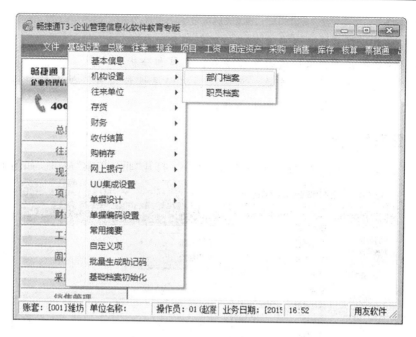

图 1-24　打开"部门档案"界面

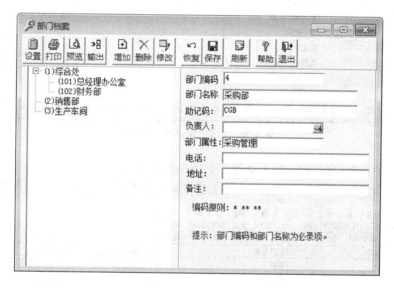

图 1-25　"部门档案"输入界面

操作提示：

●部门编码应符合部门编码级次原则。部门编码级次原则在系统资料设置时已确定(如图 1-10 所示)。

●部门编码和名称必须唯一，不得重复。

●输入每一条部门信息后，都要点击"保存"按钮，否则本条信息不予保存。

【知识链接】

部门是指与企业财务核算或业务管理相关的职能单位。

设置部门的目的在于按部门进行数据录入、汇总和分析。

部门档案中包含部门编码、名称、负责人、部门属性等信息，其中部门编码和部门名称为必须录入的项目，其他项目可以不填入。

三、设置职员档案

(1)执行"基础设置→机构设置→职员档案"命令，打开"职员档案"窗口。如图 1-26 所示。

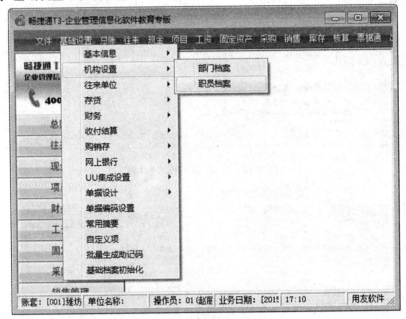

图 1-26　打开"职员档案"界面

(2)在"职员档案"窗口中，输入数据。如图 1-27 所示。

职员编号	职员名称	职员助记码	所属部门
101	李斌	LB	总经理办公室
102	赵丽	ZL	财务部
103	丁洁	DH	财务部
104	李慧	LH	财务部
201	王欣	WX	销售部
301	陈帅	CS	生产车间
401	张平	ZP	采购部

图 1-27　"职员档案"输入界面

职员编码：101；职员名称：李斌；所属部门：总经理办公室；职员属性：经理人员。

(3)单击"增加"按钮，输入其他职员档案信息。设置完成后退出。

操作提示：

●职员编号和名称为必须录入项目。职员编号必须唯一，不得重复。

●所属部门录入时，可以录入文字，也可以使用部门编码录入数字。录入的部门名称和编码必须与部门设置中的一致。

●输入最后一位职员信息时，必须增加一空行，才能将此职员信息保存起来。

●通过"刷新"按钮，可看到输入的其他职员信息。

【知识链接】

职员档案主要用于记录本单位职员的个人信息资料。通过设置职员档案，便于进行职员个人往来的核算和管理。

职员档案主要包括职员编号、名称、助记码和所属部门等。

四、设置客户分类

(1)执行"基础设置→往来单位→客户分类"命令，打开"客户分类"窗口。如图 1-28 所示。

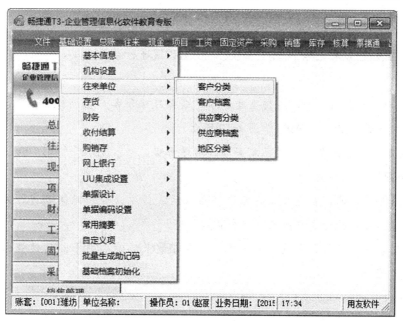

图 1-28　打开"客户分类"界面

(2)在"客户分类"窗口中，单击"增加"按钮。如图 1-29 所示。

（3）输入数据。

类别编码：01；类别名称：工业。

（4）单击"保存"按钮。同理，增加其他客户分类信息。设置完成后退出。

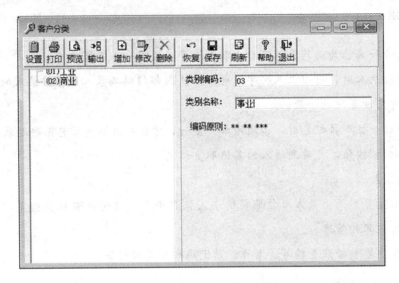

图 1-29 "客户分类"输入界面

操作提示：

●在建立账套时如果选择了"客户分类"，在此必须进行客户分类，否则将不能输入客户档案。

●客户类别编码必须唯一，不得重复。客户编码应符合客户编码级次原则。客户编码级次原则在系统资料设置时已确定（如图 1-10 所示）。

●客户类别名称可以是汉字或英文字母，不得为空。

【知识链接】

通过客户分类功能，企业可以将客户按照地区、行业、合作时间等进行划分，建立客户分类管理体系，便于对客户信息进行分析和管理。

建立了客户分类之后，企业需要将客户设置在最末级的类别下。已经被引用过的客户类别不能被删除。

五、设置供应商分类

（1）执行"基础设置→往来单位→供应商分类"命令，打开"供应商分类"窗口。如图 1-30 所示。

（2）在"供应商分类"窗口中，单击"增加"按钮。如图 1-31 所示。

（3）输入数据。类别编码：01；类别名称：工业。

（4）单击"保存"按钮。同理，增加其他供应商分类信息。设置完成后退出。

图 1-30 打开"供应商分类"界面

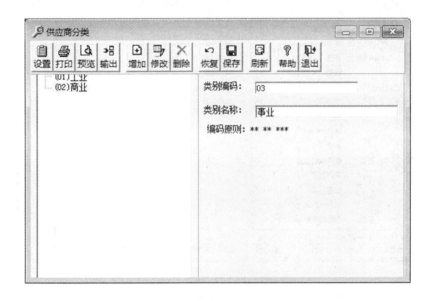

图 1-31 "供应商分类"输入界面

操作提示：

●在建立账套时如果选择了"供应商分类"，在此必须进行供应商分类，否则将不能输入供应商档案。

●供应商类别编码必须唯一，不得重复。供应商编码应符合供应商编码级次原则。供应商编码级次原则在系统资料设置时已确定（如图1-10所示）。

●供应商类别名称可以是汉字或英文字母，不得为空。

【知识链接】

通过供应商分类功能，企业可以将供应商按照地区、行业、合作时间等进行划分，建立供应商分类管理体系，便于对供应商信息进行分析和管理。

建立了供应商分类之后，企业需要将供应商设置在最末级的类别下。已经被引用过的供应商类别不能被删除。

六、设置地区分类

(1)执行"基础设置→往来单位→地区分类"命令，打开"地区分类"窗口。如图1-32所示。

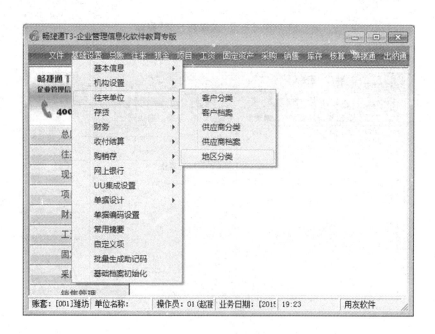

图1-32　打开"地区分类"界面

(2)在"地区分类"窗口中，单击"增加"按钮。如图1-33所示。

(3)输入数据。类别编码：01；类别名称：南部地区。

(4)单击"保存"按钮。同理，增加其他地区分类信息。设置完成后退出。

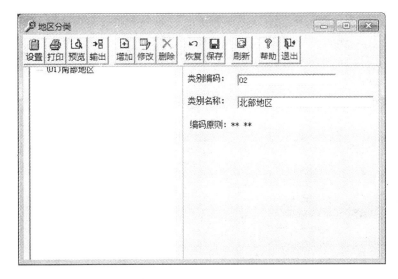

图 1-33 "地区分类"输入界面

操作提示：

●地区类别编码和名称必须唯一，不得重复。地区编码应符合地区编码级次原则。地区编码级次原则在系统资料设置时已确定(如图 1-10 所示)。

●地区类别名称可以是汉字或英文字母，不得为空。

●如果需要在已建立的地区分类设下一级分类，可以先选中左侧需要分级的地区名称，然后单击"增加"按钮，之后在右侧添加类别编码和名称即可。同样，类别编码和名称需符合编码要求。

【知识链接】

在使用畅捷通 T3 软件的采购管理、销售管理、库存管理、应收管理和应付管理等子系统中都会使用到供应商档案和客户档案。如果企业需要对供应商和客户按地区进行信息的统计和分析，那就需要按地区进行分类管理。

地区分类最多有五级，企业可以根据实际需要按照省、市、区分类，也可以按照东西南北区域分类。

七、设置客户档案

(1)执行"基础设置→往来单位→客户档案"命令，打开"客户档案"窗口。如图 1-34 所示。

(2)在"客户档案"窗口中，单击选中"(02)商业"。

(3)单击"增加"按钮，打开"客户档案卡片"对话框。

(4)输入数据。客户编号：001；客户名称：浙江银河科技有限公司；客户简称：银河科技；所属地区码：02。如图 1-35 所示。

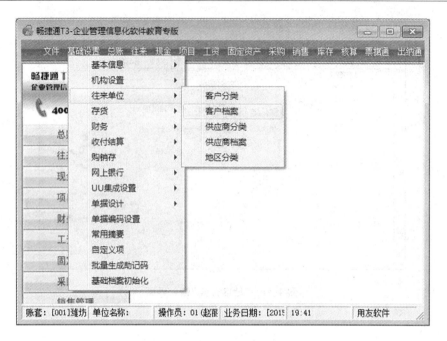

图 1-34　打开"客户档案"界面

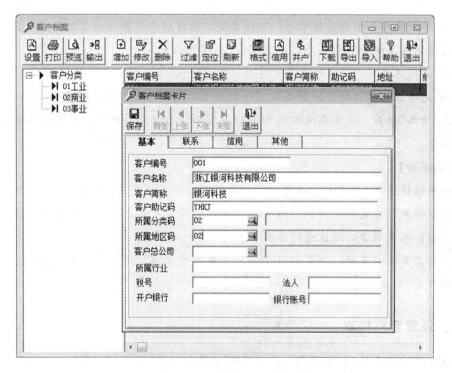

图 1-35　"客户档案卡片"输入界面

　　(5)单击"保存"按钮,单击"退出"按钮。同理,增加其他客户档案信息。设置完成后退出。

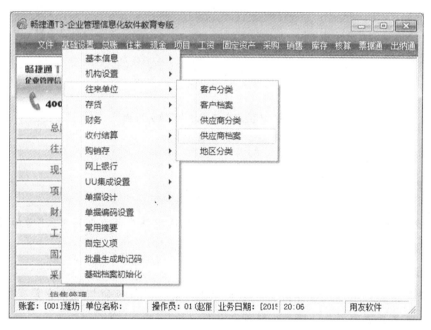

操作提示:

● 客户档案必须建立在最末级分类下，必须先选中客户类别再单击"增加"按钮。

● 已经使用的客户不得删除。

【知识链接】

建立客户档案是企业进行客户往来管理的前提。客户档案的设置直接关系到企业对客户信息数据的汇总、统计、查询和分析。

如果用户设置了客户分类，那么客户档案必须在末级客户分类中进行设置。

八、设置供应商档案

（1）执行"基础设置→往来单位→供应商档案"命令，打开"供应商档案"窗口。如图 1-36 所示。

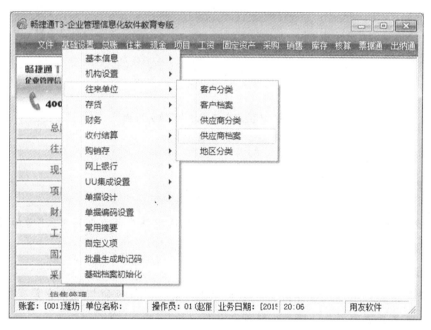

图 1-36　打开"供应商档案"界面

（2）在"供应商档案"窗口中，单击选中"03 事业"。

（3）单击"增加"按钮，打开"供应商档案卡片"对话框。如图 1-37 所示。

（4）输入数据。

供应商编号：001；供应商名称：江南煤气有限公司；供应商简称：江南煤气；所属地区码：02。

（5）单击"保存"按钮，单击"退出"按钮。同理，增加其他供应商档案信息。设置完成后退出。

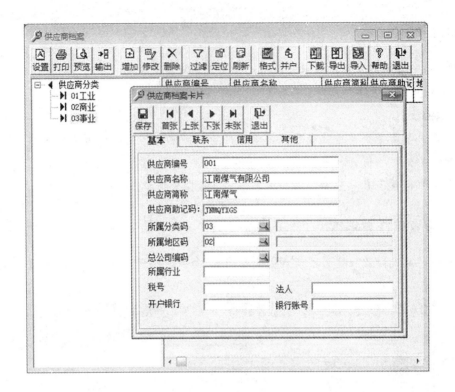

图 1-37 "供应商档案卡片"输入界面

操作提示：

● 供应商档案必须建立在最末级分类下，必须先选中供应商类别再单击"增加"按钮。

● 已经使用的供应商不得删除。

【知识链接】

建立供应商档案是企业进行供应商往来管理的前提。供应商档案的设置直接关系到企业对供应商信息数据的汇总、统计、查询和分析。

如果用户设置了供应商分类，那么供应商档案必须在末级供应商分类中进行设置。

九、设置外币及汇率

(1)执行"基础设置→财务→外币种类"命令，打开"外币设置"窗口。如图 1-38 所示。

(2)在"外币设置"窗口中，输入数据。币符：USD；币名：美元。

(3)单击"确认"按钮。

(4)在"2015 年 1 月的记账汇率"栏中输入 6.2，回车确认。如图 1-39 所示。完成设置后退出。

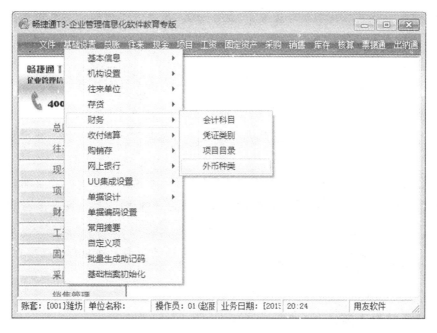

图 1-38　打开"外币设置"界面

图 1-39　"外币设置"输入界面

操作提示：

● 输入汇率时，小数点必须采用英文方式的，否则将不能输入。

● 已经使用过的外币不能删除。

● 此处汇率方式选择仅供录入固定汇率与浮动汇率需要，并不决定在制单时使用固定汇率还是浮动汇率。在总账选项参数设置中"汇率方式"的设置决定制单使用固定汇率还是浮动汇率。

【知识链接】

外币及汇率设置是专为外币核算服务的。如果企业业务结算涉及外币，可以在此对本账套所使用的外币进行定义。

在填制凭证中所用的汇率应先在此进行定义，以便编制单据时调用，减少录入汇率的次数和差错。当汇率变化时，应先在此进行定义，否则制单时不能正确录入汇率。

对于使用固定汇率（即使用月初或年初汇率）作为记账汇率的用户，在填制每月的凭证前，应先在此录入该月的记账汇率，否则在填制该月外币凭证时，将会出现汇率为零的错误。

对于使用变动汇率（即使用当日汇率）作为记账汇率的用户，在填制当天的外币凭证前，应先在此录入该天的记账汇率。

十、设置结算方式

（1）执行"基础设置→收付结算→结算方式"命令，打开"结算方式"窗口。如图1-40所示。

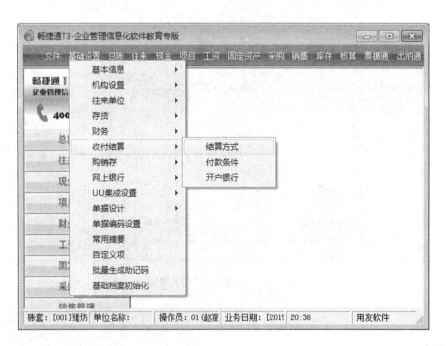

图1-40　打开"结算方式"界面

（2）在"结算方式"窗口中，单击"增加"按钮。

（3）输入数据。结算方式编码：1；结算方式名称：现金结算。如图1-41所示。

（4）单击"保存"按钮。同理，增加其他结算方式信息。完成设置后退出。

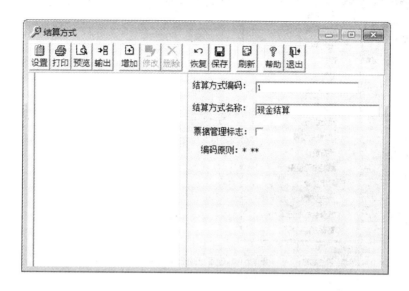

图 1-41 "结算方式"输入界面

操作提示：

•结算方式编码和名称必须唯一，不得重复。结算方式编码应符合结算方式编码级次原则。结算方式编码级次原则在系统资料设置时已确定（如图 1-10 所示）。

•结算方式一旦被引用，则不能进行删除和修改。

•票据管理标志：用户可以根据实际情况，通过单击复选框来选择该结算方式下的票据，是否进行票据管理。

【知识链接】

结算方式是用户用来管理经营活动中所涉及的业务结算方式，它与财务结算方式一致。结算方式主要包括现金结算和票据结算等，企业可以根据实际情况设置。

十一、设置开户银行

（1）执行"基础设置→收付结算→开户银行"命令，打开"开户银行"窗口。如图 1-42 所示。

（2）在"开户银行"窗口中，直接输入数据。

编码：01；开户银行：潍坊市工商银行南京路支行；账号：65678281。

（3）输入完成后，回车增加一空行。如图 1-43 所示。单击"退出"按钮。

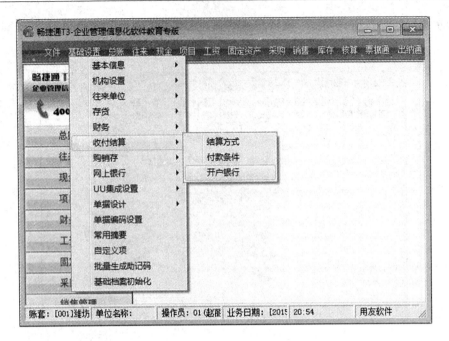

图 1-42　打开"开户银行"界面

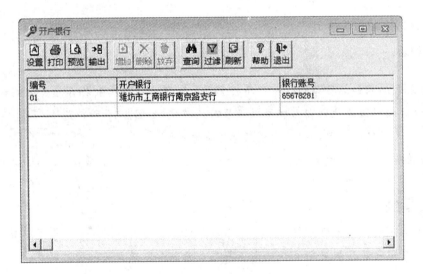

图 1-43　"开户银行"输入界面

操作提示：

● 开户银行编号必须唯一，不得重复。它用来识别某开户银行和账号。

● 开户银行的名称必须输入，可以重复。

● 银行账号必须输入且唯一，不得重复。

● 暂封标志用来标示账号的使用状态。如果某个银行账号临时不使用，可以选择暂封标志为"是"。

●开户银行一旦被引用，则不能进行删除和修改。

【知识链接】

开户银行设置用于维护及查询单位所使用的开户银行信息。

任务解析

赵丽应先收集基础档案的各种信息，再熟悉基础档案设置的先后顺序和基础档案的设置方法，完成相应设置。

项目小结

系统管理是进行账套初始化的操作界面，是会计信息系统运行的基础，它为其他子系统提供了公共的账套、年度账及其他相关的基础数据，各子系统的操作员也需要在系统管理中统一设置并分配功能权限。

本项目主要学习了系统设置和基础档案设置，主要内容包括企业账套建立、操作员增加、权限分配、账套输出、账套引入、账套修改、系统启用、部门档案设置、职员档案设置、客户分类设置、供应商分类设置、地区分类设置、客户档案设置、供应商档案设置、外币及汇率设置、计算方式设置、开户银行设置等。重点掌握各项内容的操作步骤和方法，难点是权限分配和账套维护，同学们应加强上机实训练习，做到理论与实践的融会贯通，熟练掌握软件操作。课后可通过课外项目强化训练。

项目训练

现在，你是山东文和科技有限责任公司的财务主管，领导让你使用畅捷通 T3 财务软件为公司建立账套，并进行基础档案设置。

公司资料如下：

1. 账套资料

(1)账套信息。账套号：111；账套名称：山东文和科技有限责任公司；账套路径：默认；启用会计期：2016 年 1 月；会计期间设置：1 月 1 日至 12 月 31 日。

(2)单位信息。单位名称：山东文和科技有限责任公司；单位简称：文和科技；单位地

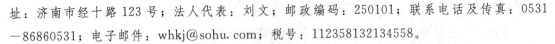

址：济南市经十路 123 号；法人代表：刘文；邮政编码：250101；联系电话及传真：0531
－86860531；电子邮件：whkj@sohu.com；税号：112358132134558。

(3)核算类型。记账本位币：人民币(RMB)；企业类型：工业；行业性质：小企业会计
制度；账套主管：李宁；要求按行业性质预置会计科目。

(4)基础信息。该企业有外币核算，进行经济业务处理时，需要对存货、客户、供应商
进行分类。

(5)业务流程。采购流程、销售流程均采用标准流程

(6)分类编码方案。科目编码级次：4-2-2-2-2。其他编码级次设置采用默认值。

(7)数据精度。采用系统默认值。

(8)系统启用。"总账"模块启用时间为"2008 年 1 月 1 日"。

2. 操作员资料

操作员资料见表 1-11。

表 1-11　操作员资料

编号	姓名	口令	所属部门
11	李宁	1	财务部
22	王芳	2	财务部
33	周强	3	财务部
44	张伟	4	供应部

3. 权限分配

(1)李宁——账套主管。负责财务软件运行环境的建立，以及各项初始设置工作；负责
财务软件的日常运行管理工作，监督并保证系统的有效、安全、正常运行；负责总账系统
的凭证审核、记账、账簿查询、月末结账工作；负责报表管理及其财务分析工作。

具有系统所有模块的全部权限。

(2)王芳——出纳。负责现金、银行账管理工作。

具有"总账—出纳签字"权限，具有"现金管理"的全部操作权限。

(3)周强——会计。负责总账系统的凭证管理工作以及工资和固定资产的管理工作。

具有"公共目录设置、总账、工资、固定资产"模块的全部操作权限。

(4)张伟——业务员。负责购销存业务。

具有"公共目录设置、总账、应收管理、应付管理、采购管理、销售管理、库存管理、
核算"模块的全部操作权限。

4. 基础档案资料

(1)部门档案，见表 1-12。

表1-12   部门档案

部门编码	部门名称	部门属性	部门编码	部门名称	部门属性
1	管理部	管理部门	203	市场三部	售配套用品
101	经理办公室	综合管理	3	供应部	采购供应
102	财务部	财务管理	4	开发部	研发生产
2	市场部	市场营销	401	研发中心	技术开发
201	市场一部	专售软件	402	生产部	生产包装
202	市场二部	专售硬件			

（2）职员档案，见表1-13。

表1-13   职员档案

职员编号	职员名称	所属部门	职员属性
101	刘文	经理办公室	总经理
102	李宁	财务部	会计主管
103	王芳	财务部	出纳
104	周强	财务部	会计
201	赵红	市场一部	部门经理
202	宋瑞	市场二部	部门经理
203	孙明	市场三部	部门经理
301	张伟	供应部	部门经理
401	马慧	研发中心	部门经理
402	王佳	研发中心	程序员
403	李刚	生产部	部门经理

（3）客户分类，见表1-14。

表1-14   客户分类

分类编码	分类名称
01	长期客户
01001	事业单位
01002	企业单位
02	短期客户
03	其他

（4）供应商分类，见表1-15。

表 1-15　供应商分类

分类编码	分类名称
01	硬件供应商
02	软件供应商
03	材料供应商
04	其他

（5）地区分类，见表1-16。

表 1-16　地区分类

地区分类	分类名称
01	东部地区
02	西部地区
03	南部地区
04	北部地区

（6）客户档案，见表1-17。

表 1-17　客户档案

客户编码	客户名称	客户简称	所属分类码	所属地区	开户银行	银行账号	地址
001	北京飞宇中学	飞宇中学	01001	04	工行	73853654	北京市朝阳区开拓路 1 号
002	广州智宏公司	智宏公司	01002	03	工行	69325581	广州市和平区胜利路 2 号
003	上海人民保险公司	人民保险	02	01	工行	36542234	上海市徐汇区天平路 3 号
004	长春客车厂	长春客车	02	04	中行	43810587	长春是平安区红旗路 4 号

（7）供应商档案，见表1-18。

表 1-18　供应商档案

供应商编码	供应商名称	供应商简称	所属分类码	所属地区	开户银行	银行账号	地址
001	北京万科有限公司	北京万科	02	04	中行	48723367	北京市昌平区东关路 5 号
002	北京方正电脑公司	北京方正	01	04	中行	76473293	北京市海淀区小营路 6 号
003	深圳兴盛软件公司	深圳兴盛	02	03	工行	55561275	深圳市新华区湖北路 7 号
004	上海光明有限公司	上海光明	03	01	工行	85115076	上海市浦东区东方路 8 号

(8)外币及汇率。币符：USD；币名：美元；固定汇率 1：7.6。

(9)结算方式，见表 1-19。

表 1-19 结算方式

结算方式编码	结算方式名称	票据管理
1	现金结算	否
2	支票结算	否
201	现金支票	是
202	转账支票	是
3	汇票	是
4	其他	否

(10)开户银行。编码：01；开户银行：济南市工商银行经十路支行；账号：86861350

完成后，输出账套。

将备份的账套妥善保管，后续课外项目练习需在此账套内完成。

项目二　总账管理

●掌握总账管理子系统初始化设置，会设置总账管理子系统参数、会计科目、项目目录、凭证类别，能熟练录入期初余额；

●掌握凭证处理方法，会填制、修改、冲销、作废、整理和查询凭证，能设置常用摘要和常用凭证；

●掌握凭证审核和记账方法，能进行出纳签字、主管签字、审核和取消签字，能进行记账和取消记账；

●掌握出纳日常业务处理，能查询现金和银行存款日记账，进行银行对账，编制银行存款余额调节表；

●掌握总账管理子系统期末业务处理，能进行期末转账，会对账、结账和反结账；

●熟悉各种账簿的查询方法，会联查凭证。

●总账管理子系统参数设置，会计科目设置，项目目录设置，凭证类别设置，期初余额录入；

●凭证填制、凭证修改、凭证冲销、凭证作废、凭证整理和凭证查询，常用摘要设置和常用凭证设置；

●出纳签字、主管签字、审核和取消签字，记账和取消记账；

●现金和银行存款日记账查询，银行对账，编制银行存款余额调节表；

●期末转账，对账、结账和反结账；

●各种账簿查询，凭证联查。

任务一　总账管理子系统初始设置

任务引例

在财务软件使用之初，企业可以根据自身需要，将通用的总账管理系统设置为适合企业自身特点和管理要求的专用系统。总账管理子系统初始的设置合适与否，直接影响企业会计信息化工作的效果。

总账管理子系统初始设置一般由账套主管完成。赵丽作为潍坊东江电子设备有限责任公司的账套主管，想要完成总账管理子系统的初始设置，为日后业务工作开展做好准备。

那么，赵丽应该进行哪些工作呢？

潍坊东江电子设备有限责任公司总账管理子系统初始设置要求如下：

(1)业务控制参数。凭证制单时，采用序时控制；进行支票控制；资金及往来赤字控制；制单权限不控制到科目；不可修改他人填制的凭证；打印凭证页脚姓名；由出纳填制的凭证必须经出纳签字。其他选项按照系统默认设置。

账簿打印位数每页打印行数按软件的标准设定，明细账打印按月排页。

会计日历 1 月 1 日—12 月 31 日。

数量小数位和单价小数位 2 位，部门、个人、项目按编码方式排序。

(2)会计科目及 2015 年 1 月 1 日期初余额表。见表 2-1。

表 2-1　会计科目及 2015 年 1 月 1 日期初余额表

级次	科目编码	科目名称	外币	计量单位	方向	辅助账类型	期初余额
1	1001	现金			借	日记	6685.70
1	1002	银行存款			借	银行日记	315003.29
2	100201	工行存款			借	银行日记	315003.29
2	100202	中行存款	美元		借	银行日记	0.00
1	1111	应收票据			借		0.00
2	111101	商业承兑汇票			借	客户往来	0.00
2	111102	银行承兑汇票			借	客户往来	0.00
1	1131	应收账款			借	客户往来	158000.00
1	1133	其他应收款			借		3800.00

续表

级次	科目编码	科目名称	外币	计量单位	方向	辅助账类型	期初余额
2	113301	应收个人款			借	个人往来	3800.00
2	113302	备用金			借	部门核算	0.00
1	1141	坏账准备			贷		788.00
1	1151	预付账款			借	供应商往来	0.00
1	1211	原材料			借		0.00
2	121101	塑粒		KG	借	数量核算	0.00
2	121102	导线		米	借	数量核算	0.00
2	121103	二极管		只	借	数量核算	0.00
2	121104	薄铜片		平方	借	数量核算	0.00
1	1243	库存商品			借		0.00
2	124301	USB延长线		条	借	数量核算	0.00
2	124302	微控开关		个	借	数量核算	0.00
2	124303	鼠标		个	借	数量核算	0.00
2	124304	视频转换器		个	借	数量核算	0.00
1	1301	待摊费用			借		642.00
1	1501	固定资产			借		260860.00
1	1502	累计折旧			贷		6528.27
1	1801	无形资产			借		58800.00
1	2101	短期借款			贷		100000.00
1	2111	应付票据			贷	供应商往来	0.00
2	211101	商业承兑汇票			贷	供应商往来	0.00
2	211102	银行承兑汇票			贷	供应商往来	0.00
1	2121	应付账款			贷	供应商往来	276760.00
1	2131	预收账款			贷	客户往来	0.00
1	2153	应付福利费			贷		10222.77
1	2171	应交税金			贷		
2	217102	未交增值税			贷		
1	2181	其他应付款			贷		2100.00
1	3101	实收资本（或股本）			贷		500580.00
1	3141	利润分配			贷		−93188.05
2	314115	未分配利润			贷		−93188.05

级次	科目编码	科目名称	外币	计量单位	方向	辅助账类型	期初余额
1	4101	生产成本			借		
2	410101	直接材料			借	项目核算	
2	410102	直接人工			借	项目核算	
2	410103	其他			借	项目核算	
1	5501	营业费用			借		
1	5502	管理费用			借		
2	550201	工资费用			借	部门核算	
2	550202	福利费			借	部门核算	
2	550203	办公费			借	部门核算	
2	550204	差旅费			借	部门核算	
2	550205	招待费			借	部门核算	
2	550206	折旧费			借	部门核算	
2	550207	其他			借	部门核算	

（3）凭证类别，见表2-2。

表2-2 凭证类别

凭证类别	限制类型	限制科目
收款凭证	借方必有	1001，100201，100202
付款凭证	贷方必有	1001，100201，100202
转账凭证	凭证必无	1001，100201，100202

（4）项目目录，见表2-3。

表2-3 项目目录

项目设置步骤	设置内容
项目大类	生产成本
核算科目	生产成本（4101） 直接材料（410101） 直接人工（410102） 其他（410103）
项目分类	1. 学习类设备 2. 游戏类设备
项目名称	A设备 B设备

(5)期初余额：

①总账期初余额表(见"会计科目及期初余额表")。

②辅助账期初余额表。

会计科目：应收账款1131，见表2-4。

表 2-4　应收账款辅助账期初余额

开票日期	客户名称	销售部门	业务员	摘要	数量	单价	金额
14－12－25	广东燃气	销售部	王欣	视频转换器 (普通发票：XS001)	500 个	210.00	105000.00
14－12－28	清和电子	销售部	王欣	微控开关 (普通发票：XS002)	5300 个	10.00	53000.00

会计科目：其他应收账款——应收个人款113301，见表2-5。

表 2-5　其他应收款辅助账期初余额

日期	部门	人员	摘要	金额
14－12－20	总经理办公室	李斌	出差借款	3800.00

会计科目：应付账款2121，见表2-6。

表 2-6　应付账款辅助账期初余额

开票日期	供应商名称	采购部门	业务员	摘要	数量	单价	金额
14－12－20	龙达实业	采购部	张平	导线 (普通发票：CG001)	35000 米	5.00	175000.00
14－12－21	龙达实业	采购部	张平	塑粒 (普通发票：CG002)	12720KG	8.00	101760.00

▥▶ 任务实施 ▍

一、启动注册企业门户

(1)执行"开始→程序→畅捷通 T3 系列管理软件→畅捷通 T3"命令或双击桌面的"用友通"图标，打开"注册【控制台】"对话框。

(2)输入或选择数据。

用户名：01；密码：1；账套：[001]潍坊东江电子设备有限责任公司；会计年度：2015；日期：2015－01－01。如图 2-1 所示。

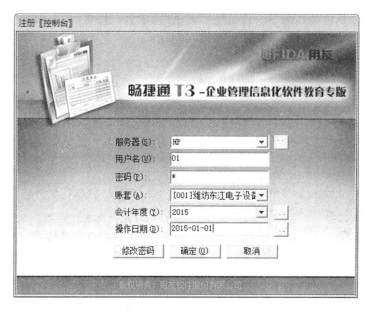

图 2-1　"启动注册企业门户"界面

（3）单击"确定"按钮。

（4）关闭期初档案录入窗口。

二、设置总账控制参数

（1）执行系统菜单的"总账→设置→选项"命令，打开"选项"对话框。如图 2-2 所示。

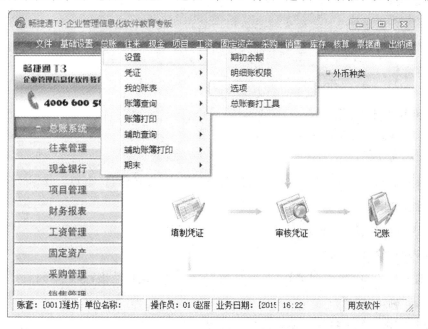

图 2-2　"总账设置选项"界面

（2）分别单击"凭证""账簿""会计日历""其他"选项卡，按照"任务引例"中潍坊东江电子设备有限责任公司的要求进行相应的设置。如图 2-3 所示。

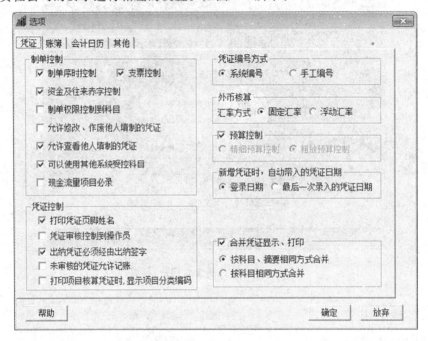

图 2-3　"总账控制参数设置"界面

（3）设置完成后，单击"确定"按钮。

【知识链接】

设置总账系统参数是对总账管理系统的一些选项进行设置，为以后总账管理配置相应的功能，并进行相应的控制。总账系统需要设置的参数主要包括：凭证控制、账簿打印控制、外币控制等。

三、设置会计科目

（一）增加会计科目

（1）执行"基础设置→财务→会计科目"命令，进入"会计科目"窗口，显示所有预置的一级会计科目。如图 2-4 所示。

（2）单击"增加"按钮，进入"会计科目——新增"窗口。

（3）输入明细科目相关内容。

输入编码"100201"，科目名称"工行存款"；选择"日记账""银行账"。如图 2-5 所示。

（4）单击"确定"按钮。

（5）继续单击"增加"按钮，输入任务引例表 2-1 中其他明细科目的相关内容。

（6）全部输完后，单击"关闭"按钮。

图 2-4 进入"会计科目"窗口界面

图 2-5 "新增会计科目"界面

操作提示：

● 增加的会计科目编码长度及每段位数要符合编码规则。

● 科目一经使用，就不能再增设下级科目，只能增加同级科目。

● 由于建立会计科目的内容较多，很多辅助核算内容对后面凭证输入操作产生影响，因此在建立会计科目时，要小心并反复检查。

(二)修改会计科目

(1)在"会计科目"窗口中，单击要修改的会计科目"1001 现金"。如图 2-6 所示。

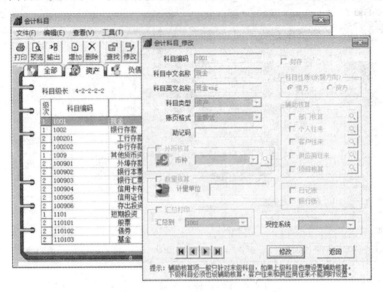

图 2-6　"修改会计科目"界面

(2)单击"修改"按钮或双击该科目，进入"会计科目—修改"窗口。

(3)单击"修改"按钮。选中"日记账"复选框。如图 2-7 所示。

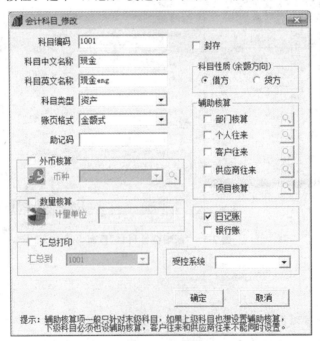

图 2-7　"辅助账修改"界面

（4）单击"确定"按钮。

（5）按任务引例表2-1内容修改其他科目的辅助核算属性，修改完成后，单击"返回"按钮。

操作提示：

●在会计科目修改窗口中，"修改"和"确定"按钮是同一个，当处于编辑状态时，显示为"确定"按钮。

●已有数据的科目不能修改科目性质。

●被封存的科目在制单时不可以使用。

●只有处于修改状态才能设置汇总打印和封存。

（三）删除会计科目

（1）在"会计科目"窗口中，单击要删除的会计科目"110901 外埠存款"。

（2）单击"删除"按钮，弹出"记录删除后不能修复！真的删除此记录吗？"提示框。如图2-8所示。

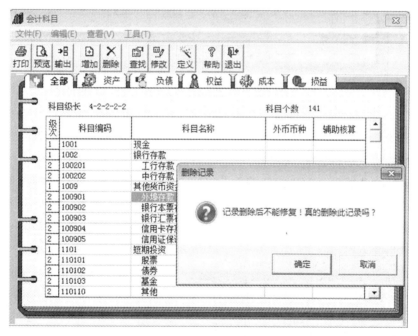

图2-8 "删除会计科目"界面

（3）单击"确定"按钮，即可删除该科目。

操作提示：

●如果科目已录入期初余额或已制单，则不能删除。

●非末级会计科目不能删除。需删除该科目下所有次级科目，才能删除。

●被指定为"现金科目""银行科目"的会计科目不能删除；如想删除，必须先取消指定。

●暂时不用的一级科目不用删除。

(四)指定会计科目

(1)在"会计科目"窗口中，执行"编辑→指定科目"命令，进入"指定科目"窗口。如图2-9所示。

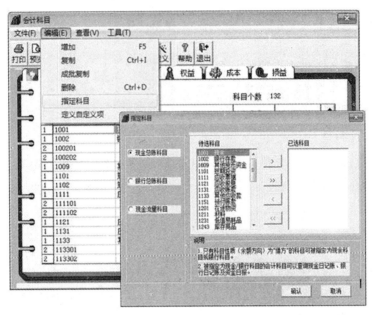

图 2-9　打开"指定会计科目"界面

(2)单击"现金总账科目"单选按钮。

(3)单击选中"待选科目"中"1001 现金"科目。

(4)单击">"按钮，将"1001 现金"科目由"待选科目"选入"已选科目"。如图 2-10 所示。

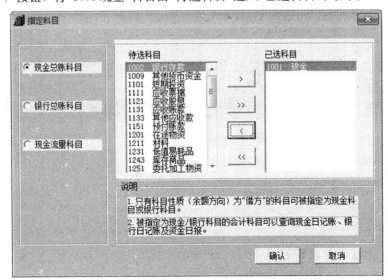

图 2-10　"现金总账指定会计科目"界面

（5）同理，在"银行总账科目"界面中将"1002 银行存款"由"待选科目"选入"已选科目"。

（6）单击"确认"按钮。

操作提示：

●指定会计科目是指定出纳的专管科目。只有指定科目后，才能执行出纳签字，从而实现现金、银行管理的保密性，才能查看现金、银行存款日记账。

●在指定"现金科目""银行科目"之前，应在建立"现金""银行存款"会计科目时选中"日记账"复选框。

【知识链接】

会计科目设置的层次深度直接影响会计核算的详细程度。财务软件所使用的一级会计科目必须符合国家会计制度的规定，而明细科目则可以根据企业实际情况，在满足财务核算和管理要求的基础上自行设定。

如果企业所用的会计科目基本上与所选行业会计制度规定的一级会计科目一致，则可以在建立账套时选择预置科目（如图 1-6 中所示）。这样在设置会计科目时只需对不同的会计科目进行修改，对缺少的会计科目进行增加即可。如果企业所用的会计科目与会计制度规定的会计科目相差较大，则可以在建立账套时选择不预置科目。这样企业可以根据需要自行设置全部会计科目。

科目设置中具体内容如下：

科目编码。科目编码应是科目全编码，即从一级科目至本级科目的各级科目编码组合。其中，各级科目编码必须唯一，且必须按其级次的先后次序建立，即先有上级科目，然后才能建立下级明细科目。科目编码中的一级科目编码必须符合现行的会计制度。

科目名称。科目名称是指本级科目名称，通常分为科目中文名称和科目英文名称。在中文版软件中，必须录入中文名称；若是英文版，则必须录入英文名称。科目中文名称和英文名称不能同时为空。

科目类型。科目类型是指会计制度中规定的科目类型，分为：资产、负债、所有者权益、成本、损益。

助记码。用于帮助记忆科目，提高录入和查询速度，通常可以自动产生，也可以自己录入。助记码可以重复，没有唯一性要求。

科目性质（余额方向）。增加记借方的科目，科目性质为借方；增加记贷方的科目，科目性质为贷方。通常只需要在一级科目设置科目性质，下级科目的科目性质与其一级科目一致。已经录入数据的科目不能修改科目性质。

辅助核算。也称为辅助账类。用于说明本科目是否有其他核算要求，系统除了完成一般的总账、明细账核算外，还提供部门核算、个人往来核算、客户往来核算、供应商往来核算、项目核算五种专项核算功能。企业可根据核算要求进行选择。

银行账、日记账核算。通常情况下，现金科目要设为日记账；银行存款科目要设为银行账和日记账。

外币核算。用于设定该科目是否有外币核算，及核算的外币名称。一个科目只允许核算一种外币，只有有外币核算要求的科目才能而且必须设定外币币名。

数量核算。用于设定该科目是否有数量核算，及数量计量单位。计量单位可以是汉字，如千克、台等；也可以是字符，如 KG 等。

四、设置凭证类别

（1）执行系统菜单"基础设置→财务→凭证类别"命令，打开"凭证类别预置"对话框。如图 2-11 所示。

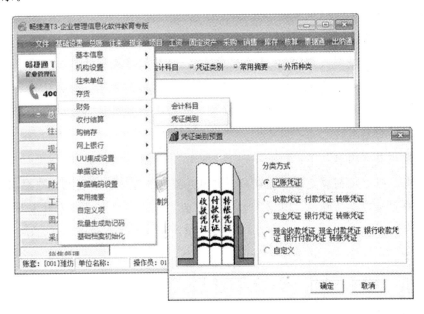

图 2-11　打开"凭证类别预置"界面

（2）单击"收款凭证、付款凭证、转账凭证"单选按钮。

（3）单击"确定"按钮，进入"凭证类别"窗口。

（4）双击"类别名称"下的"收款凭证"，出现下三角按钮，单击按钮，选择"借方必有"；在"限制科目"栏输入"1001，100201，100202"。

（5）同理，设置付款凭证的限制类型"贷方必有"，限制科目"1001，100201，100202"；转账凭证的限制类型"凭证必无"，限制科目"1001，100201，100202"。如图 2-13 所示。

（6）设置完后，单击"退出"按钮。

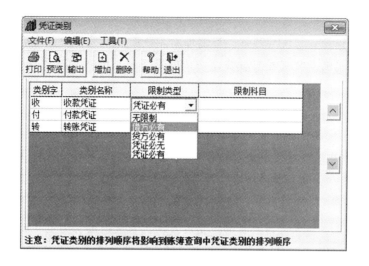

图 2-12　"限制类别设置"界面

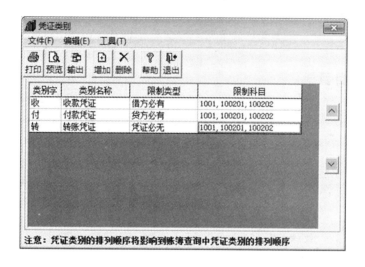

图 2-13　"限制科目设置"界面

操作提示：

●设置时，如果"限制类型"项目下不是"无限制"这一选项，则"限制科目"栏至少有一个科目，不能为空。如果"限制类型"项目下是"无限制"，则"限制科目"栏应为空，不能填入科目。

●在填写"限制科目"时，两个科目编码之间用","分隔，","必须是英文格式。如果使用不正确，则提示"科目编码有误"，不能保存。

●已经使用的凭证类别不能删除，也不能修改类别字。如果选中了已经被使用的凭证类别，则在"凭证类别窗口"中显示"已使用"的红字标志。

【知识链接】

企业为了登账方便，便于管理，一般对记账凭证进行分类编制。凭证分类方法有多种，企业可以根据自身需要对凭证进行分类。一般情况下，系统提供五种常用的凭证分类方式供企业选择。

(1)记账凭证；

(2)收款凭证、付款凭证、转账凭证；

(3)现金凭证、银行凭证、转账凭证；

(4)现金收款凭证、现金付款凭证、银行收款凭证、银行付款凭证、转账凭证；

(5)自定义。

部分类别的凭证在制单时对科目有一定的限制，系统中限制类型有五种可供选择。

(1)借方必有：制单时，此类凭证借方至少有一个限制科目有发生额；

(2)贷方必有：制单时，此类凭证贷方至少有一个限制科目有发生额；

(3)凭证必有：制单时，此类凭证无论借方还是贷方至少有一个限制科目有发生额；

(4)凭证必无：制单时，此类凭证无论借方还是贷方均不得有任何一个限制科目有发生额；

(5)无限制：制单时，此类凭证可使用所有的合法科目。

五、设置项目目录

(一)定义项目大类

(1)执行系统菜单"基础设置→财务→项目目录"命令，进入"项目档案"窗口。如图2-14所示。

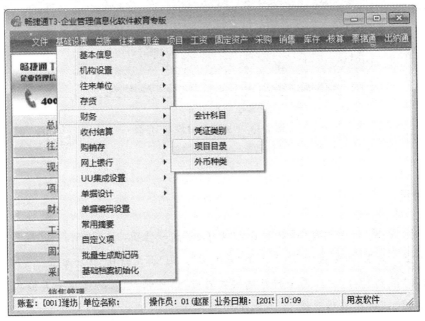

图2-14　进入"项目档案"窗口界面

（2）单击"增加"按钮，打开"项目大类定义—增加"对话框。

（3）选择"普通项目"，输入新项目大类名称"生产成本"。如图2-15所示。

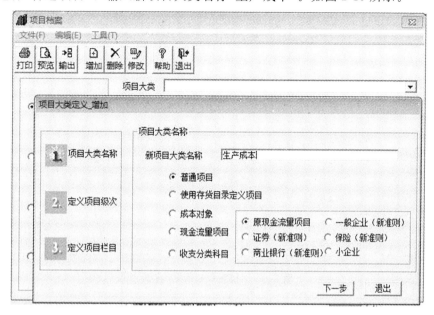

图2-15 "项目大类名称设置"界面

（4）单击"下一步"按钮，其他设置均采用系统默认值。

（5）最后单击"完成"按钮，返回"项目档案"窗口。

操作提示：

●项目大类的名称是该类项目的总称，而不是会计科目名称。如：在建工程按具体工程项目核算，其项目大类名称应为"工程项目"而不是"在建工程"。

（二）指定核算科目

（1）在"项目档案"窗口中，选择"核算科目"。如图2-16所示。

（2）选择项目大类"生产成本"。

（3）分别选择要参加核算的科目，"410101直接材料""410102直接人工""410103其他"。

（4）单击 ∨ 按钮。将三个科目逐一从"待选科目"转移到"已选科目"。

（5）完成后，单击"确定"按钮。

操作提示：

●指定核算科目，是指确定通过哪几个科目来核算项目。本例中"生产成本"项目大类指定了"410101直接材料""410102直接人工"和"410103其他"三个科目，则"生产成本"这一项

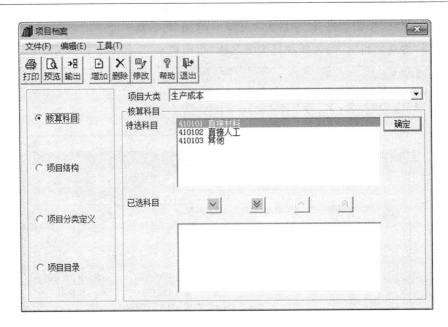

图 2-16   "核算科目设置"界面

目大类则通过这三个会计科目核算。

●一个项目大类可指定多个科目，但是一个科目只能被指定一个项目大类。

●单击 ⌄ 按钮仅将单击选定的一个科目从"待选科目"转移到"已选科目"；单击 ⌄⌄ 按钮

则将所有"待选科目"中所有科目转移到"已选科目"中。

(三)定义项目分类

(1)在"项目档案"窗口中，选择"项目分类定义"。

(2)单击右下角的"增加"按钮。

(3)输入分类编码"1"；输入分类名称"学习类设备"。如图 2-17 所示。

(4)单击"确定"按钮。

(5)同理定义"2 游戏类设备"项目分类。

操作提示：

●为了便于统计，可对同一项目大类下的项目进行进一步划分，即定义项目分类。

●若无分类，也必须定义项目分类为"无分类"。

●不能隔级输入分类编码。

●不能删除非末级项目分类。如果某项目分类下已经定义了项目目录，则不能删除，也

不能定义下级分类，必须先删除项目目录，再删除该项目分类或定义下级分类。

(四)定义项目目录

(1)在"项目档案"窗口中，选择"项目目录"。如图 2-18 所示。

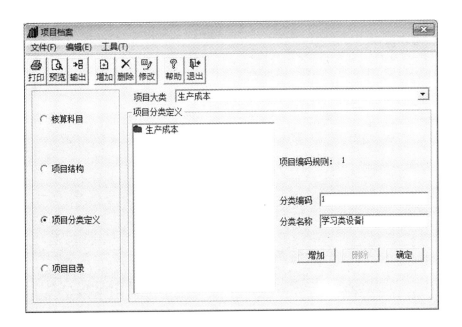

图 2-17　"项目分类定义设置"界面

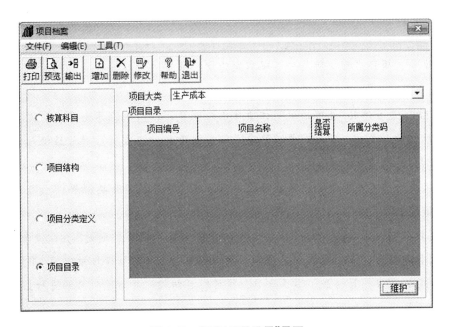

图 2-18　"项目目录设置"界面

(2)单击"维护"按钮,进入"项目目录维护"窗口。

(3)单击"增加"按钮。

(4)输入项目编号"101";输入项目名称"A 设备";选择所属分类码"1"。如图 2-19 所示。

(5)同理，继续增加"102　B设备"项目。完成后回车，增加一空行。

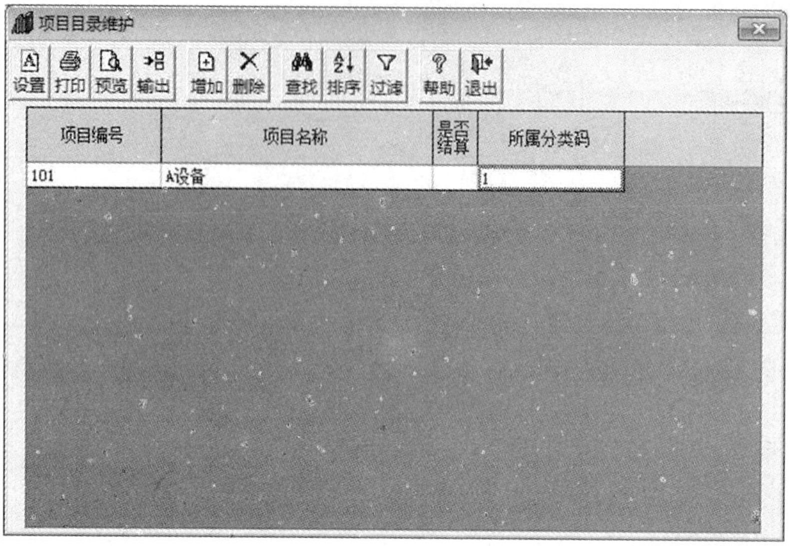

图 2-19　"项目目录维护"界面

操作提示：

●项目编号、项目名称、所属分类码不能为空。项目编号不能重复。相同分类码下的项目名称不能重复。

●如果选中"是否结算"选项，说明该项目已经结算，以后不能再使用。

●项目目录输入最后一项后，要通过点击回车键增加一行空行，对最后输入的一条项目目录进行保存。

●已经使用的项目不能删除，不能修改编码，不能修改项目分类编码。

【知识链接】

项目核算主要为了对项目进行重点核算或者简化科目设置。通过"项目目录定义"功能进行项目大类的设置、分项目的定义及项目目录的维护。在"项目目录定义"下可以增加或修改项目大类、项目核算科目、项目分类、项目栏目结构，并对项目目录进行维护。

通常，项目定义按以下步骤进行：

(1)定义项目大类。通过本功能可设定企业需进行哪几类项目核算。系统允许同一单位进行几个大类的项目核算，比如某单位将其第一类项目设为投资项目核算，第二类项目设为在建工程核算等。每一项目大类核算的内容可不同，如：投资项目核算同在建工程核算的内容是不同的。

(2)指定核算科目。通过本功能可以定义本项目大类的核算科目，即通过哪几个会计科目核算项目。

(3)项目分类定义。通过本功能可以定义本项目大类的分项目。

(4)项目目录维护。通过本功能可以进行分项目内容设定。录入各个项目的名称及定义的其他数据，平时项目目录有变动应及时在本功能中进行调整。

六、输入期初余额

(一)输入总账期初余额

(1)执行"总账→设置→期初余额"命令，进入"期初余额录入"窗口。如图 2-20 所示。

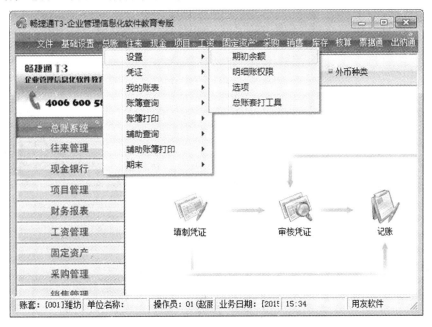

图 2-20 进入"期初余额录入"窗口界面

(2)输入"1001 现金"科目的期初余额 6685.70，按回车键确认。

(3)同理，输入任务引例表 2-1 中其他总账科目的期初余额。如图 2-21 所示。

操作提示：

●这里提到的总账科目余额是指无辅助核算科目的期初余额。

●期初余额只能在最末级明细科目上输入，上级科目的期初余额将自动计算并填列。如本例中只需在"100201 工行存款"科目录入"315003.29"，"1002 银行存款"科目余额自动显示"315003.29"。

(二)输入辅助账期初余额

(1)执行"总账→设置→期初余额"命令，进入"期初余额录入"窗口。

(2)双击"其他应收款"的期初余额栏，进入"客户往来期初"窗口。如图 2-22 所示。

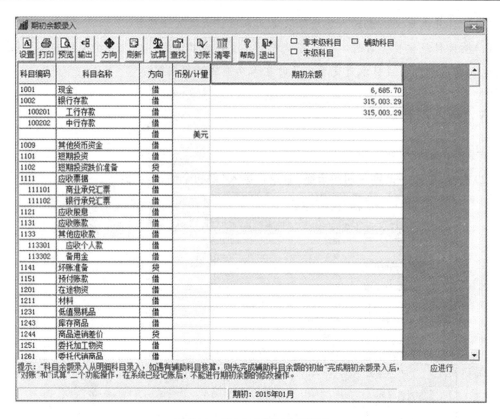

图 2-21　"期初余额录入"界面

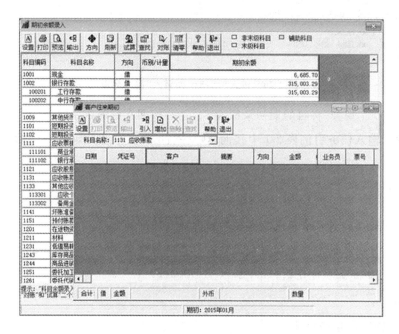

图 2-22　进入"客户往来期初"界面

（3）单击"增加"按钮。

（4）输入任务引例中表 2-4"应收账款 1131"的辅助核算信息。如图 2-23 所示。

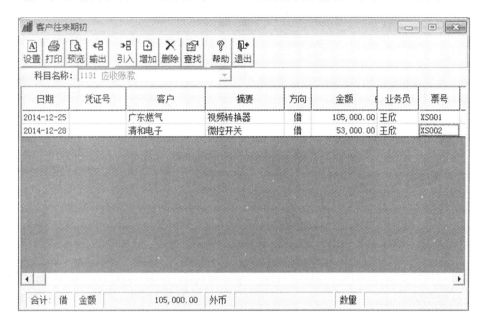

图 2-23　"客户往来期初录入"界面

（5）单击"退出"按钮。

（6）同理，输入任务引例中其他辅助账科目的期初余额。

操作提示：

●当不想输入某项内容而系统又提示必须输入时，可按 ESC 键取消输入。此操作在本软件中很多地方是适用的。

●在进行数据输入时，可以输入汉字，也可以通过点击"参照"按钮 🔍，进行数据选择。

（三）试算平衡

（1）输完所有科目余额后，在"期初余额输入"窗口，单击"试算"按钮，打开"期初试算平衡表"对话框。如图 2-24 所示。

（2）单击"确认"按钮。若期初余额不平衡，则修改期初余额直到平衡为止。

操作提示：

●期初余额试算不平衡，将不能记账，但可以填制凭证。

●已经记过账，则不能再输入、修改期初余额，也不能执行"结转上年余额"功能。

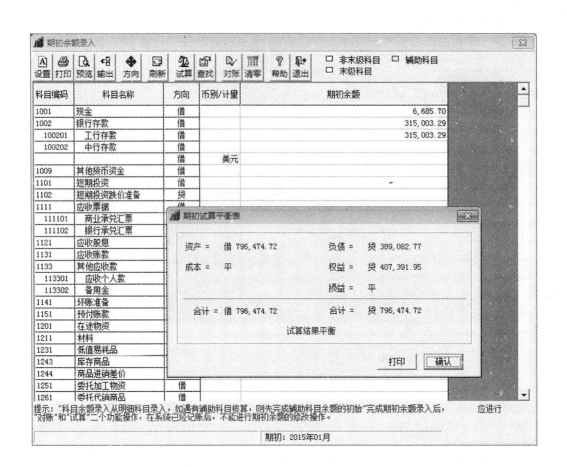

图 2-24 "试算平衡"界面

【知识链接】

初次使用总账子系统时，应将经过整理的手工账期初余额录入财务软件。如果企业在年初建账（如任务引例），则期初余额是年初数；如果企业在年中建账，则期初余额包括三部分：建账时月初余额、年初到建账前一个月的借方累计发生额和贷方累计发生额。例如某企业 5 月份建账，输入 4 月的月初余额和 1—4 月的借贷方累计发生额，系统自动计算年初余额。

任务解析

赵丽要进行总账系统的初始设置，应先准备企业财务需要的会计科目及其期初余额，然后根据企业需要进行合适的系统参数设置，选择适用的凭证分类，设置会计科目，并输入期初数据，试算平衡。

任务二 总账管理子系统日常业务处理

任务引例

潍坊东江电子设备有限责任公司完成总账管理系统初始化设置后，就可以进行日常业务处理了。工作内容主要包括：填制凭证、审核凭证、记账、账簿管理和出纳管理。

那么，赵丽、丁浩、李慧该如何进行分工、合作呢？

潍坊东江电子设备有限责任公司 2015 年 1 月发生经济业务如下：

(1)2 日，销售部王欣购买了 200 元的办公用品，以现金支付。（附单据一张）

（付款凭证）摘要：购办公用品

借：营业费用(5501)　　　　　　　　　　　　　　　200

　　　贷：现金(1001)　　　　　　　　　　　　　　　200

(2)3 日，财务部李慧从工行提取现金 10000 元（附单据 1 张，现金支票号 XJ001）。

（付款凭证）摘要：提现

借：现金(1001)　　　　　　　　　　　　　　　　　10000

　　　贷：银行存款/工行存款(100201)　　　　　　　　10000

(3)6 日，收到泛美集团投资资金 10000 美元，汇率 1：6.2，转账支票号 ZZW001。

（收款凭证）摘要：收到投资

借：银行存款/中行存款(100202)　　　　　　　　　　62000

　　　贷：实收资本(3101)　　　　　　　　　　　　　62000

(4)7 日，采购部张平从天津发电购入二极管 20000 个，单价 1 元，入原材料库，收到普通发票一张(CG103)，工行转账支票支付。（票号：ZZ101）。

（付款凭证）摘要：购二极管

借：原材料/二极管(121103)　　　　　　　　　　　　20000

　　　应交税费/应交增值税/进项税额(217110101)　　　3400

　　　贷：现金(1001)　　　　　　　　　　　　　　　23400

(5)11 日，销售部王欣收到广东燃气还全部货款 105000 元的转账支票一张，存入工行。（票号：ZZ102）。

（收款凭证）摘要：收到货款

借：银行存款/工行存款(100201)　　　　　　　　　　105000

　　　贷：应收账款(1131)　　　　　　　　　　　　　105000

(6)12 日，采购部张平向龙达实业采购鼠标 1300 个，单价 12 元，商品直接入库，货款未付，发票号：CG104。

(转账凭证)摘要：购鼠标

借：库存商品(124303)   15600

　　应交税金/应交增值税/进项税额(21710101)   2652

　　　贷：应付账款(2121)   18252

(7)14 日，总经理办公室支付业务招待费 1200 元。

(付款凭证)摘要：支付招待费

借：管理费用/招待费(550205)   3000

　　　贷：现金(1001)   3000

(8)16 日，总经理办公室李斌出差归来，报销差旅费 3600 元，交回现金 200 元(附单据 1 张)。

(收款凭证)摘要：报销差旅费

借：管理费用/差旅费(550204)   3600

　　现金(1001)   200

　　　贷：其他应收款/应收个人款(113301)   3800

(9)18 日，生产车间领用二极管 1000 个，单价 1 元，用于生产 A 设备。

(转账凭证)摘要：A 设备领用二极管

借：生产成本/直接材料(410101)   1000

　　　贷：原材料/二极管(121103)   1000

(10)20 日，生产车间陈帅报销医药费 600 元。

(付款凭证)摘要：报销医药费

借：管理费用/福利费(550202)   600

　　　贷：现金(1001)   600

(11)21 日，从龙达实业采购塑粒 2.1 吨，每吨单价 10000 元，收到专用发票(票号：CG101)，会计确认该笔应付账款。同时收到长江运输公司开来的运费发票 300 元(按数量分摊，票号：YF101)，确认应付账款。材料已入库。

(转账凭证)摘要：采购塑粒

借：原材料/塑粒(121101)   21300

　　应交税费/应交增值税/进项税额(21710101)   3570

　　　贷：应付账款(2121)   24870

(12)22 日，以电汇方式从工行(采购部张平)归还龙达实业 2014 年 12 月 20 日的货款 175000 元。票号：DH0001。

(付款凭证)　摘要：支付货款

借：应付账款(2121)   175000

　　　贷：银行存款/工行存款(100201)   175000

任务实施

一、凭证管理

(一)填制凭证

以总账会计"02 丁浩"的身份注册企业门户。用户名：02；密码：2；账套：[001]潍坊东江电子设备有限责任公司；会计年度：2015；操作日期：2015 年 1 月 31 日。

1. 增加一张完整凭证

(1)执行系统菜单"总账→凭证→填制凭证"命令，进入"填制凭证"窗口。如图 2-25 所示。

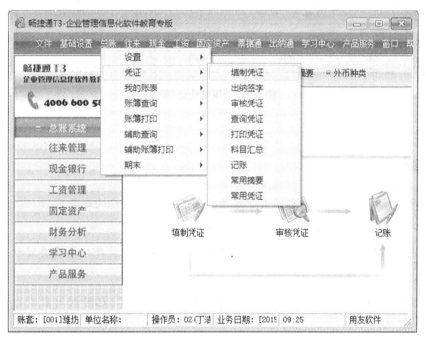

图 2-25　进入"填制凭证"窗口界面

(2)单击"增加"按钮，增加一张空白凭证。

(3)选择凭证类型"付款凭证"；输入制单日期"2015/01/02"；输入附单据数"1"。

(4)输入摘要"购办公用品"；输入科目名称"550203"，借方金额"200"，回车；摘要自动带到下一行，输入科目名称"1001"，贷方金额"200"。如图 2-26 所示。

(5)单击"保存"按钮，弹出"凭证已成功保存！"信息提示框。

(6)单击"确定"按钮。

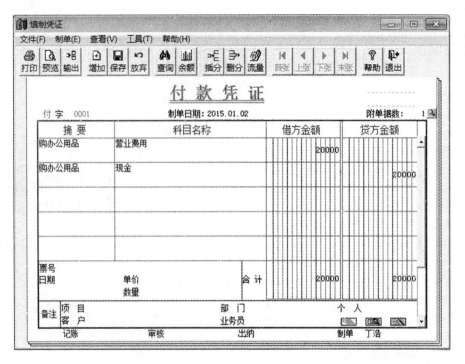

图 2-26 "填制凭证"界面

操作提示：

•采用序时控制时，凭证日期应大于等于启用日期，不能超过业务日期。

•凭证一旦保存，其凭证类别、凭证编号不能修改。

•正文中不同行的摘要可以相同也可以不同，但不能为空。每行摘要将随相应的会计科目在明细账、日记账中出现。

•科目编码必须是末级的科目编码。既可以手工直接输入，也可利用右边的 🔍 按钮选择输入。

•金额不能为"零"；红字以"—"号表示。

•可按"＝"键取当前凭证借贷方金额的差额到当前光标位置。

2. 增加带有银行辅助核算信息科目的凭证

(1)在填制凭证过程中，输完银行科目"银行存款/工行存款 100201"，弹出"辅助项"对话框。如图 2-27 所示。

(2)输入结算方式"201"，票号"XJ001"，发生日期"2015.01.03"。

(3)单击"确认"按钮。

(4)凭证输完后，单击"保存"按钮，若此张支票未登记，则弹出"此支票尚未登记，是否登记?"对话框。

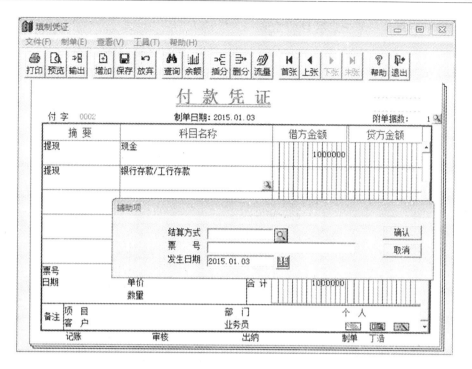

图 2-27 "辅助项对话框"界面

（5）单击"是"按钮，弹出"票号登记"对话框。

（6）输入领用日期"2015.01.03"，领用部门"财务部"，姓名"李慧"，限额"10000"，用途"备用金"。如图 2-28 所示。

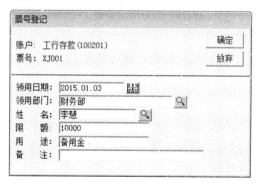

图 2-28 "票号登记"界面

（7）单击"确定"按钮。

操作提示：

●选择支票控制，即该结算方式设为支票管理，银行账辅助信息不能为空，而且该方式的票号应在支票登记簿中有记录。

3. 增加带有外币核算信息科目的凭证

(1)在填制凭证过程中，输完外币科目"银行存款/中行存款100202"。

(2)输入外币金额"10000"，根据自动显示的外币汇率"6.2"，自动算出并显示本币金额"62000"。如图 2-29 所示。

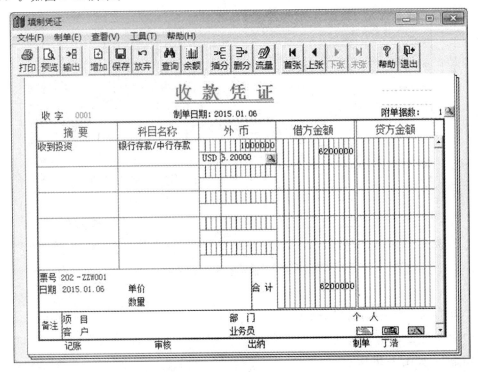

图 2-29 "外币核算录入"界面

(3)凭证录入完成后，单击"保存"按钮，保存凭证。

操作提示:

●汇率栏中内容是固定的，不能输入或修改。如使用变动汇率，汇率栏中显示最近一次汇率，可以直接在汇率栏中修改。

4. 增加带有数量核算信息科目的凭证

(1)在填制凭证过程中，输完数量科目"原材料/二极管 121103"，弹出"辅助项"对话框。如图 2-30 所示。

(2)输入数量"20000"，单价"1"。

(3)单击"确认"按钮。完成凭证其他内容。

5. 增加带有客户往来辅助核算信息科目的凭证

(1)在填制凭证过程中，输完客户往来科目"应收账款 1131"，弹出"辅助项"对话框。如图 2-31 所示。

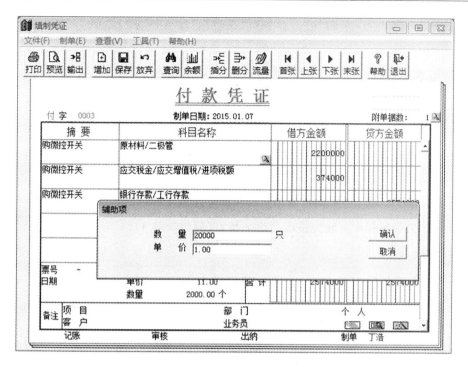

图 2-30 "数量辅助项录入"界面

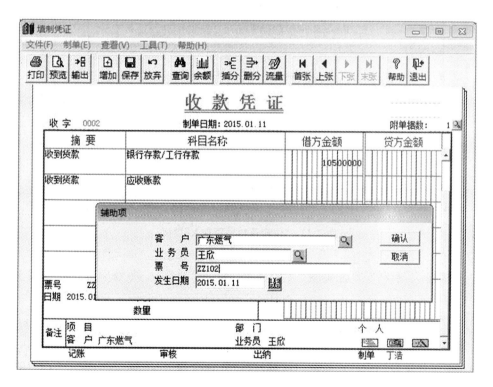

图 2-31 "客户辅助项录入"界面

（2）选择输入客户"广东燃气"，业务员"王欣"，输入票号"ZZ002"，发生日期"2015. 01.11"。

（3）单击"确认"按钮。完成凭证其他内容。

操作提示：

●如果往来单位不属于已定义的往来单位，则要正确输入新往来单位的辅助信息，系统会自动追加到往来单位目录中。

6. 增加带有供应商往来辅助核算信息科目的凭证

（1）在填制凭证过程中，输完供应商往来科目"应付账款 1131"，弹出"辅助项"对话框。如图 2-32 所示。

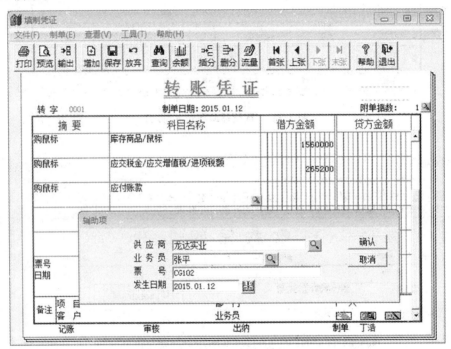

图 2-32 "供应商辅助项录入"界面

（2）选择输入客户"龙达实业"，业务员"张平"，输入票号"CG102"，发生日期"2015.01.12"。

（3）单击"确认"按钮。完成凭证其他内容。

7. 增加带有部门辅助核算信息科目的凭证

（1）在填制凭证过程中，输完部门核算科目"管理费用/招待费 550205"，弹出"辅助项"对话框。如图 2-33 所示。

（2）选择输入部门"总经理办公室"。

（3）单击"确认"按钮。完成凭证其他内容。

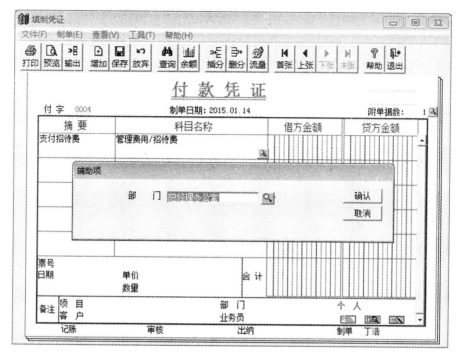

图 2-33 "部门辅助项录入"界面

8. 增加带有个人往来核算信息科目的凭证

(1)在填制凭证过程中，输完个人往来科目"其他应收款/应收个人款113301"，弹出"辅助项"对话框。如图 2-34 所示。

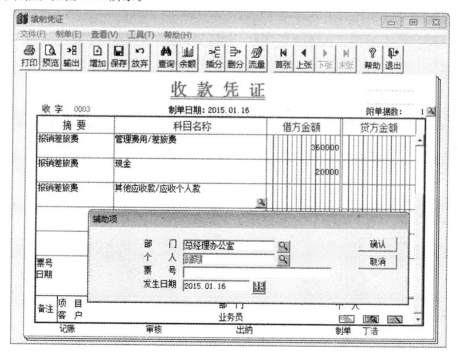

图 2-34 "个人辅助项录入"界面

（2）选择输入部门"总经理办公室"，个人"李斌"。

（3）单击"确认"按钮。完成凭证其他内容。

操作提示：

●在输入个人信息时，可直接输入"个人名称"，系统会根据职员档案（图1-27）设置的信息自动匹配其所在部门。

9.增加带有项目核算信息科目的凭证

（1）在填制凭证过程中，输完项目核算科目"生产成本/直接材料410101"，弹出"辅助项"对话框。如图2-35所示。

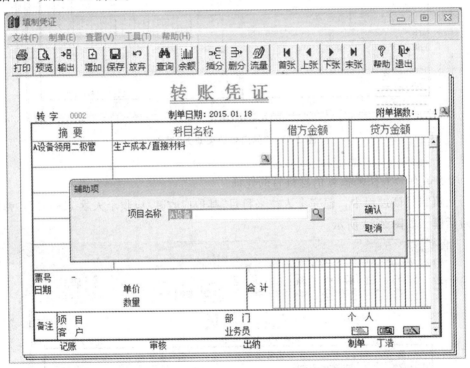

图2-35 "项目辅助项录入"界面

（2）选择输入项目名称"A设备"。

（3）单击"确认"按钮。完成凭证其他内容。

操作提示：

●系统根据数量×单价自动计算出金额，并将金额先放在借方。如果方向不符，可将光标移动到贷方后，按空格键即可调整金额方向。

完成任务引例中业务（10）—（12）的凭证填制。

【知识链接】

记账凭证是登记账簿的依据，在实行计算机处理账务后，电子账簿的完整与准确完全依赖于记账凭证，因而，使用者要确保记账凭证输入的准确完整。在实际工作中，可以直接在计算机上根据审核无误准予报销的原始凭证填制记账凭证。填制记账凭证主要包括：增加凭证、修改凭证、删除凭证、查询凭证等内容。

通常，一张凭证中可填写的行数是没有限制的，可以是简单分录，也可以是复合分录，但每一张凭证应该只记录一笔经济业务，不能将记录不同经济业务的分录填入一张凭证。

记账凭证的内容主要包括凭证头和凭证正文两部分。

1. 凭证头

主要包括凭证编号和制单日期等内容。

(1)凭证类别：根据总账系统初始设置时设置的凭证类别填写。本任务引例中使用的是收款凭证、付款凭证和转账凭证。

(2)凭证编号：通常由系统分类按月自动编制，即每类凭证每月都从0001号开始。

(3)制单日期：填制凭证的日期。系统自动取总账系统的操作日期作为记账凭证的制单日期。若不对，可根据实际情况修改制单日期，但必须符合系统序时控制的要求。

(4)附单据数：本账记账凭证所附原始单据的张数。

2. 凭证正文

主要包括摘要、科目、借贷方向、发生金额等内容。

(1)摘要：输入本笔分录的业务说明，摘要要求简洁明了。

(2)科目：科目必须输入末级科目。科目可以输入科目编码、中文科目名称、英文科目名称或助记码，也可以参照输入。如果输入的科目名称有重名现象时，系统会自动提示重名科目供选择。

(3)辅助信息：对于需要进行辅助核算的科目，系统提示输入相应的辅助核算信息。辅助核算信息包括客户往来、供应商往来、个人往来、部门核算、项目核算等。如果该科目要进行数量核算，则屏幕提示用户输入"数量""单价"。系统根据数量×单价自动计算出金额。如果科目为银行科目，还应输入"结算方式""票号"及"发生日期"。输入这些数据主要便于进行银行对账，同时方便对支票进行管理。

(4)金额：即该笔分录的借方或贷方本币发生额，金额不能为零，但可以是红字，红字金额以负数形式输入。

(二)查询凭证

(1)执行系统菜单"总账→凭证→查询凭证"命令，打开"凭证查询"对话框。如图2-36所示。

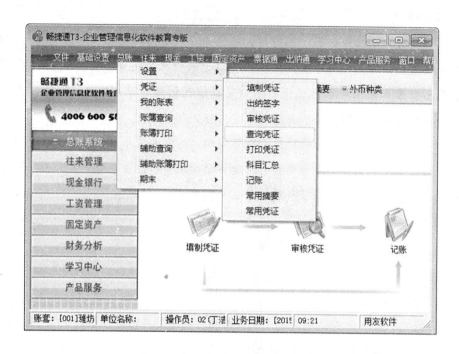

图 2-36 打开"凭证查询"界面

(2)选择输入查询条件"付款凭证、未记账凭证"。单击"辅助条件"按钮，可输入更多查询条件。如图 2-37 所示。

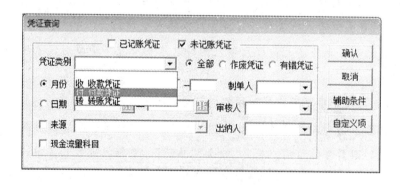

图 2-37 "凭证查询"界面

(3)单击"确认"按钮，进入"查询凭证"窗口。如图 2-38 所示。

(4)双击某一凭证行，则屏幕可显示出此张凭证。执行系统菜单"总账→凭证→填制凭证"命令，进入"填制凭证"窗口。

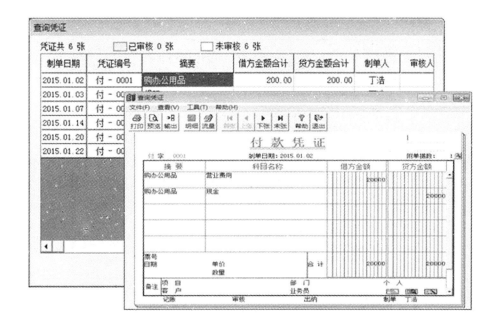

图 2-38 进入"查询凭证"界面

【知识链接】

总账系统的填制凭证功能不仅是各账簿数据的输入口，同时也提供了强大的信息查询功能。可以设置丰富灵活的查询条件。既可以设置凭证类别、制单日期等一般查询条件，也可设置摘要、科目等辅助查询条件，还可以将各查询条件组合设置。

同时，可以联查明细账、辅助明细及原始单据。当光标位于凭证某分录科目时，选择"联查明细账"命令，系统将显示该科目的明细账。若该科目有辅助核算，选择"查看辅助明细"命令，系统将显示该科目的辅助明细账。如果当前凭证是由外币系统制单生成，选择"联查原始单据"命令，系统将显示生成这张凭证的原始单据。

(三)修改凭证

1. 未记账凭证的修改

(1)执行"总账→凭证→填制凭证"命令，进入"填制凭证"窗口。

(2)单击"查询"按钮，单击"辅助查询"，在"客户"栏输入"广东燃气"，单击"确认"找到要修改的凭证。如图 2-39 所示。

(3)对于凭证的一般信息，将光标放在要修改的地方，直接修改；如果要修改凭证的辅助项信息，首先选中辅助核算科目行，然后将光标置于备注栏辅助项，待鼠标变成铅笔形状时双击，弹出"辅助项"对话框，在对话框中修改相关信息。如图 2-40 所示。

(4)单击"保存"按钮，保存相关信息。

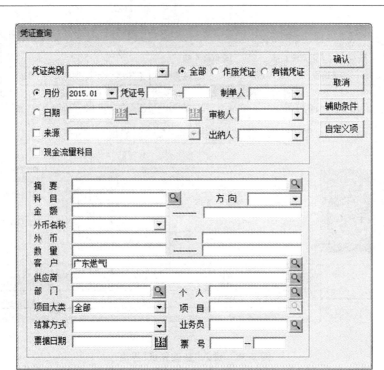

图 2-39 "辅助查询"界面

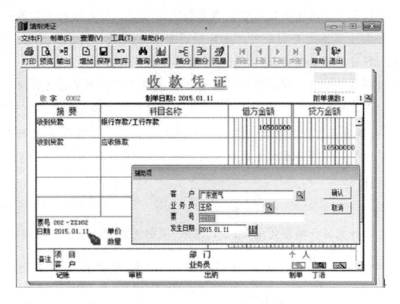

图 2-40 "辅助项修改"界面

操作提示：

● 未经审核的错误凭证可通过"填制凭证"功能直接修改；已审核的凭证应先取消审核

后，再进行修改。

●若已采用制单序时控制，则在修改制单日期时，不能在上一张凭证的制单日期之前。

●若选择"不允许修改或作废他人填制的凭证"权限控制，则不能修改或作废他人填制的凭证。

●如果涉及银行科目的分录已录入支票信息，并对该支票做过报销处理，修改操作将不影响"支票登记簿"中的内容。

●外部系统传过来的凭证不能在总账系统中进行修改，只能在生成该凭证的系统中进行修改。

2. 已记账凭证的注销（选做）

（1）在"填制凭证"窗口，执行"制单→冲销凭证"命令，打开"冲销凭证"对话框。如图 2-41 所示。

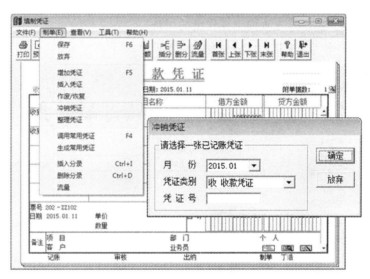

图 2-41 "冲销凭证"界面

（2）输入条件：选择"月份""凭证类别"；输入"凭证号"等信息。

（3）单击"确定"按钮，系统自动生成一张红字冲销凭证

操作提示：

●只有已记账的凭证才能制作红字冲销凭证。

●通过红字冲销法增加的凭证，应视同正常凭证进行保存和管理。

●制作红字冲销凭证将错误凭证冲销后，需要再编制正确的蓝字凭证进行补充。

【知识链接】

虽然在凭证录入环节，系统提供了多种确保凭证输入正确的控制措施，但仍然避免不了错误，这时可以使用凭证修改功能。

根据凭证所处的状态不同，修改方式也不同。

（1）已保存但未审核的凭证。可在填制凭证页面，通过翻页查找或条件查询，找到要修改的凭证，将光标移动到要修改的地方进行修改即可。可以修改的内容有：凭证编号、制单日期、摘要、科目、辅助项、金额及方向、增减分录等。

（2）已审核但未记账的凭证。取消审核后由制单人修改。

（3）已记账的凭证。不能直接修改，可以用"红字凭证冲销法"或"补充凭证法"更正，或者取消记账后再修改凭证。

（4）外部系统传递过来的凭证。不能在总账系统中进行修改，只能在生成该凭证的系统中进行修改。

(四)删除凭证

1. 作废凭证(选做)

（1）在"填制凭证"窗口，先查询到要作废的凭证。

（2）执行"制单→作废/恢复"命令。如图 2-42 所示。

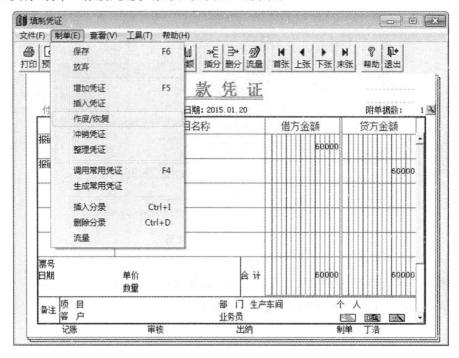

图 2-42 "作废凭证"界面

（3）凭证的左上角显示"作废"，表示该凭证已作废。

操作提示：

●作废凭证仍保留凭证内容及编号，只显示"作废"字样。

● 作废凭证不能修改，不能审核。

● 在记账时，已作废的凭证应参与记账，否则月末无法结账，但不对作废凭证做数据处理，相当于一张空凭证。

● 账簿查询时，查不到作废凭证的数据。

● 若当前凭证已作废，可执行"制单→作废/恢复"命令，取消作废标志，并将当前凭证恢复为有效凭证。

2. 整理凭证

(1)在"填制凭证"窗口中，执行"制单→整理凭证"命令，打开"请选择凭证期间"对话框。如图2-43所示。

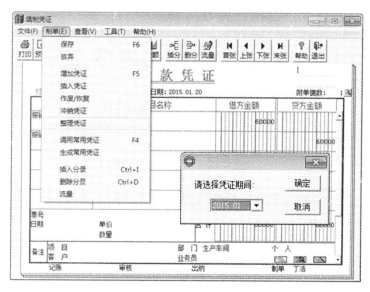

图2-43　"整理凭证"界面

(2)选择要整理的"月份"。

(3)单击"确定"按钮，打开"作废凭证表"对话框。

(4)选择真正要删除的作废凭证。

(5)单击"确定"按钮，系统将这些凭证从数据库中删除并对剩下凭证重新排号。

操作提示：

● 如果作废凭证不想保留时，则可以通过"整理凭证"功能，将其彻底删除，并对未记账凭证重新编号。

● 只能对未记账凭证作凭证整理。

● 已记账凭证作凭证整理，应先恢复本月月初的记账前状态，再作凭证整理。

(五)审核凭证

1. 出纳签字

(1)更换操作员。在"畅捷通 T3"的初始窗口，执行"系统→重新注册"命令，进入"注册【控制台】"窗口。以出纳"03 李慧"的身份注册企业门户。用户名：03；密码：3；账套：[001]潍坊东江电子设备有限责任公司；会计年度：2015；操作日期：2015—1—31。如图 2-44 所示。

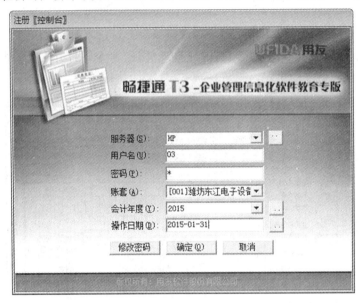

图 2-44 更换操作员界面

(2)执行"总账→凭证→出纳签字"命令，打开"出纳签字"查询条件对话框。如图 2-45 所示。

图 2-45 "打开出纳签字"界面

（3）输入查询条件：单击"全部"单选按钮，输入月份"2015.01"。如图 2-46 所示。

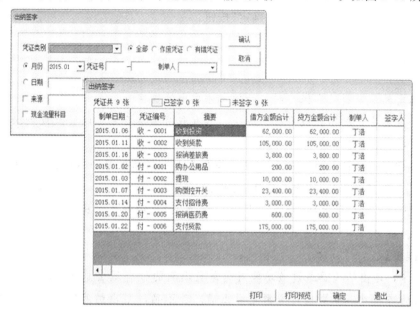

图 2-46　"出纳签字选择凭证"界面

（4）单击"确认"按钮，进入"出纳签字"的凭证列表窗口。

（5）双击某一要签字的凭证或者单击"确认"按钮，进入"出纳签字"的签字窗口。

（6）单击按钮，凭证底部的"出纳"处自动签上出纳人姓名。如图 2-47 所示。

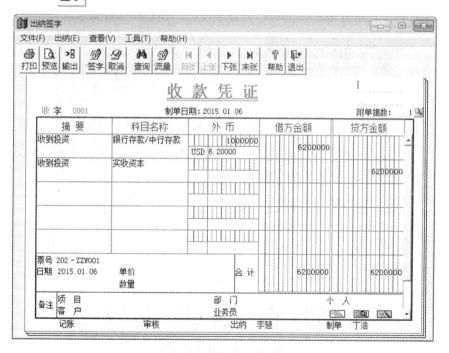

图 2-47　"出纳签字"界面

（7）单击"下张"按钮，对其他凭证进行签字。

（8）最后单击"退出"按钮。单击"确定"按钮。

操作提示：

●涉及指定为现金科目和银行科目的凭证才需出纳签字。

●凭证一经签字，就不能被修改、删除，只有取消签字后才可以修改或删除，取消签字只能由出纳人自己进行。

●凭证签字并非审核凭证的必要步骤。若在设置总账参数时，不选择"出纳凭证必须经由出纳签字"，则可以不执行"出纳签字"功能。

●可以执行"成批出纳签字"功能（"出纳签字"页面"出纳→成批出纳签字"）对所有凭证进行出纳签字。

【知识链接】

出纳签字，即出纳人员通过该功能对制单员填制的带有现金总账科目或银行总账科目的凭证进行检查核对，主要核对金额是否正确。若正确，则出纳签字；若有错误，则交给制单员修改。

出纳签字并不是凭证审核的必需步骤，由总账控制参数设置决定（如图2-3所示）。同时，只有凭证中有指定为现金科目和银行存款科目（如图2-10所示）的凭证才需要出纳签字。

2. 审核员审核签字

（1）更换操作员。在"畅捷通T3"的初始窗口，执行"系统→重新注册"命令，进入"注册【控制台】"窗口。以账套主管"01 赵丽"的身份注册企业门户。用户名：01；密码：1；账套：[001]潍坊东江电子设备有限责任公司；会计年度：2015；操作日期：2015－1－31。如图2-48所示。

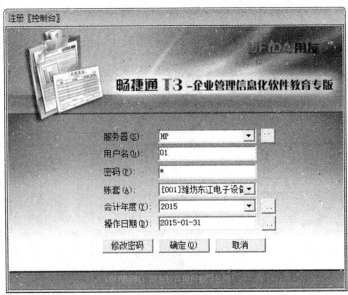

图 2-48 更换操作员界面

（2）执行系统菜单"总账→凭证→审核凭证"命令，打开"凭证审核"查询条件对话框。如图 2-49 所示。

图 2-49　"打开审核凭证"界面

（3）输入查询条件，可采用默认值。

（4）单击"确认"按钮，进入"凭证审核"的凭证列表窗口。如图 2-50 所示。

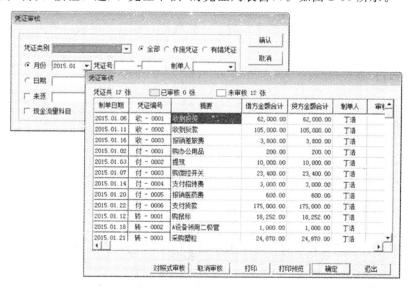

图 2-50　"凭证审核选择凭证"界面

（5）双击要审核的凭证或单击"确定"按钮，进入"凭证审核"的审核凭证窗口。

(6)检查要审核的凭证，无误后，单击按钮 ，凭证底部的"审核"处自动签上审核

人姓名。如图 2-51 所示。

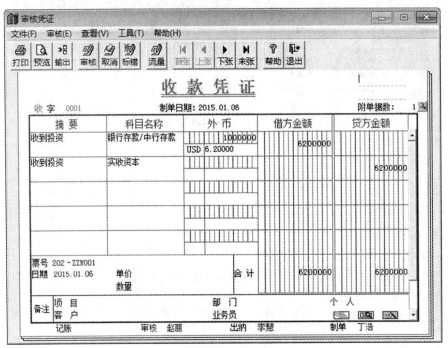

图 2-51 "审核凭证"界面

(7)此时软件会自动跳转到需要审核的下一张凭证，检查无误后，单击"审核"。同理审核全部凭证。

(8)最后单击"退出"按钮。

操作提示：

●审核人必须具有审核权。当通过"凭证审核权限"设置了明细审核权限时，还需要有对制单人所制凭证的审核权。

●作废凭证不能被审核，也不能被标错。

●审核过程中，如果发现错误，可点击按钮 ，在凭证左上角会出现红字"有错"，之后再由制单人进行修改。修改无误后，再由审核人进行重新审核。

●审核人和制单人不能是同一个人，凭证一经审核，不能被修改、删除，只有取消审核签字后才可修改或删除。

●已标记作废的凭证不能被审核，需先取消作废标记后才能审核。

●可以执行"成批审核凭证"功能("审核凭证"页面"审核→成批审核凭证")对所有凭证进行审核。

【知识链接】

审核签字,是由审核员对记账凭证进行的检查核对。每一张记账凭证都需要经过审核员审核签字。经过审核的记账凭证才能作为正式凭证进行记账处理。

审核方法主要有屏幕审核、静态审核(即打印记账凭证然后进行审核)、二次录入校验,最常用的方法是屏幕审核。屏幕审核时,可直接根据原始凭证,对屏幕上显示的记账凭证进行审核,对正确的记账凭证,执行审核命令,计算机在凭证上填入审核人名字;对错误的记账凭证,不予审核或执行标错命令,然后交与制单人修改,之后再进行审核。

审核人和制单人不能是同一个人,取消审核只能由审核人进行。

出纳签字和审核员审核签字都属于凭证的审核工作,都为了确保登记到账簿的每一笔经济业务的准确和完整。

(六)记账

1. 登记账簿

(1)执行系统菜单"总账→凭证→记账"命令,进入"记账"窗口。如图2-52所示。

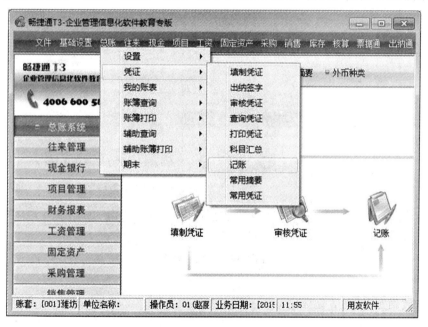

图2-52　"打开记账窗口"界面

(2)第一步,单击"全选"按钮,选择所有要记账的凭证。如图2-53所示。

(3)单击"下一步"按钮。

(4)第二步显示记账报告,如果需要打印记账报告,可单击"打印"按钮。如果不打印记账报告,单击"下一步"按钮。

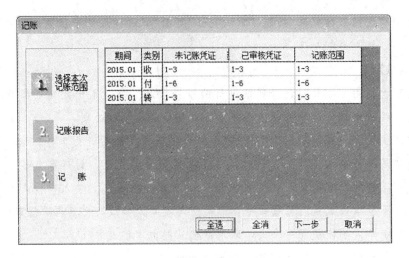

图 2-53 "选择记账范围"界面

(5)第三步记账，单击"记账"按钮，打开"试算平衡表"对话框。

(6)单击"确认"按钮，系统开始登录有关的总账和明细账、辅助账。登记完后，弹出"记账完毕"信息提示对话框。如图 2-54 所示。

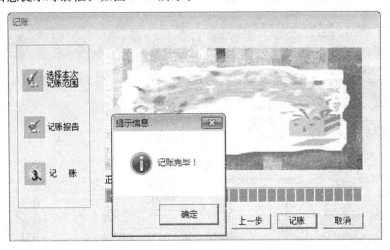

图 2-54 "记账"界面

(7)单击"确定"按钮，记账完毕。

操作提示：

●第一次记账时，若期初余额试算不平衡，不能记账。

●上月未记账，本月不能记账。

●未审核凭证不能记账，记账范围应小于等于已审核范围。

●作废凭证不需审核可直接记账。

●记账过程一旦断电或其他原因造成中断后，系统将自动调用"恢复记账前状态"恢复数据，然后再重新记账。

【知识链接】

记账即登记账簿。它是以会计凭证为依据，将经济业务全面、系统、连续地记录到账簿中去的一种方法。经过记账的凭证是不能修改的，从而确保会计核算系统数据的稳定。记账操作每月可进行多次。

系统记账过程主要包括以下三个步骤：

(1)选择记账凭证。即确定本次记账的凭证范围，包括期间、类别、记账范围。确定记账范围时可以单击"全选"按钮，选择所有未记账的凭证；可以输入连续编号范围如"2—6"，表示对该类别第2—6号凭证进行记账；也可以输入不连续的编号如"4，8"，表示仅对第4张和第8张凭证记账。

(2)记账报告。系统自动记账前，需要相应的检查，检查完成后，系统显示记账报告，呈现检验的结果，如期初余额不平或者哪些凭证出纳未签字或未审核等。

(3)记账。记账之前，系统将自动进行硬盘备份，保存记账前的数据，一旦记账过程出现异常中断，可以利用这个备份将系统恢复到记账前状态。

2.取消记账(选做)

(1)激活"恢复记账前状态"菜单

①在总账初始窗口，执行"期末→对账"命令，进入"对账"窗口。如图2-55所示。

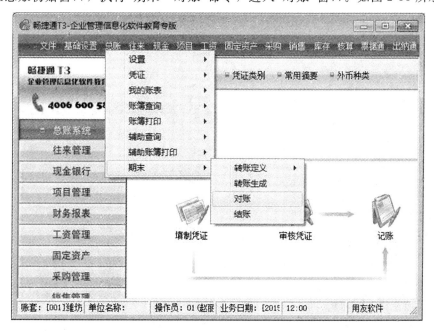

图2-55　"打开对账窗口"界面

②按Ctrl＋H键，弹出"恢复记账前状态功能已被激活"信息提示框。如图2-56所示。

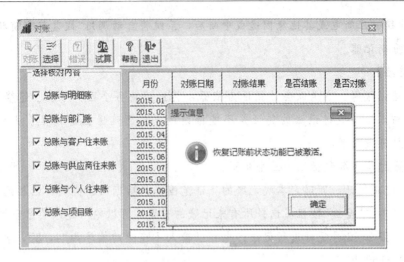

图 2-56 "激活恢复记账前状态功能"界面

③单击"确定"按钮，单击"退出"按钮。

操作提示:

●如果退出系统后又重新进入系统或在"对账"中按"Ctrl＋H"键将重新隐藏"恢复记账前状态"功能。

(2)取消记账

①执行"总账→凭证→恢复记账前状态"命令，打开"恢复记账前状态"对话框。如图 2-57所示。

图 2-57 打开"恢复记账前状态"界面

②单击"最近一次记账前状态"单选按钮。

③单击"确定"按钮，弹出"输入主管口令"信息提示对话框，输入"1"。如图 2-58 所示。

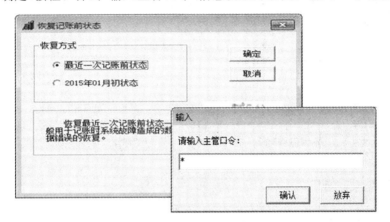

图 2-58　"恢复记账前状态"界面

④单击"确定"，弹出"恢复记账完毕"信息提示对话框，单击"确定"按钮。

操作提示:

● 已结账月份的数据不能取消记账。

● 取消记账后，一定要重新记账。

二、出纳管理

以出纳"03 李慧"的身份注册企业门户。用户名：03；密码：3；账套：[001]潍坊东江电子设备有限责任公司；会计年度：2015；操作日期：2015-1-31。

(一)查看现金日记账

(1)执行系统菜单"现金→现金管理→日记账→现金日记账"命令，打开"现金日记账查询条件"对话框。如图 2-59 所示。

(2)选择科目"1001 现金"，默认月份"2015.01"。

(3)单击"确认"按钮，进入"现金日记账"窗口。

(4)双击某行或将光标定在某行再单击"凭证"按钮，可查看相应的凭证。如图 2-60 所示。

(5)单击"总账"按钮，可查看此科目的三栏式总账。如图 2-61 所示。

(6)单击"退出"按钮。

(二)查看银行存款日记账

银行存款日记账查询与现金日记账查询操作基本相同，所不同的只是银行存款日记账多一结算号栏，主要是对账时用。

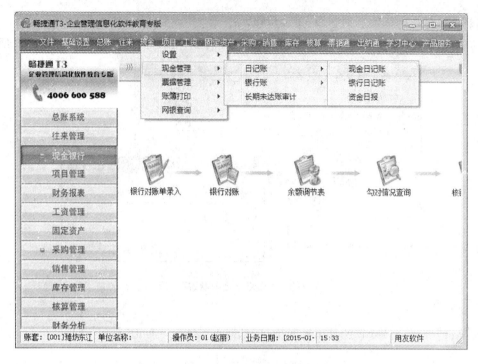

图 2-59 "打开现金日记账查询条件"界面

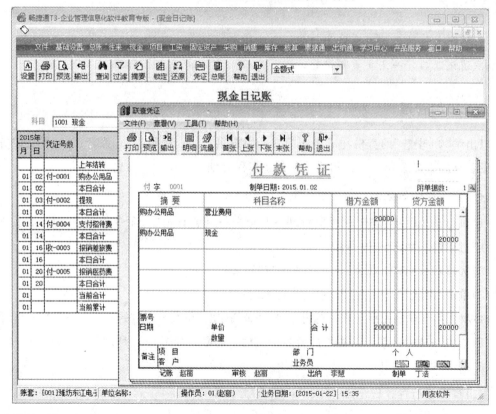

图 2-60 "联查凭证"界面

图 2-61　"联查总账"界面

(三)查看资金日报表

(1)执行系统菜单"现金→现金管理→日记账→资金日报"命令，打开"资金日报表查询条件"对话框。

(2)输入查询日期"2015.01.12"。选择"有余额无发生也显示"复选框。如图 2-62 所示。

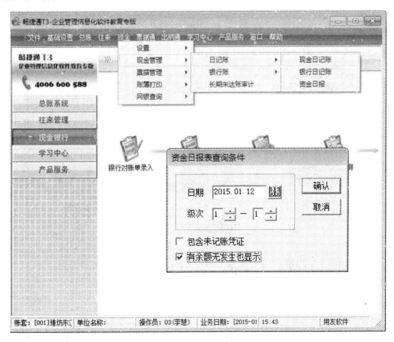

图 2-62　打开"资金日报表"界面

(3)单击"确认"按钮，进入"资金日报表"窗口。如图2-63所示。

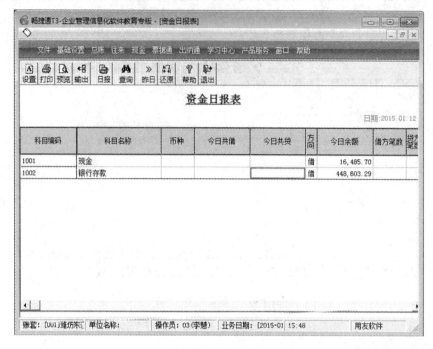

图2-63 "资金日报表"界面

(4)查看资金日报表。查询完毕之后，单击"退出"按钮。

(四)支票登记

(1)执行系统菜单"现金→票据管理→支票登记簿"命令，打开"银行科目选择"对话框。

(2)选择科目：工行存款"100201"。如图2-64所示。

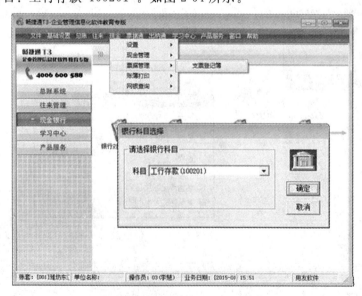

图2-64 打开"支票登记簿"界面

（3）单击"确定"按钮，进入支票登记窗口。

（4）单击"增加"按钮。

（5）输入领用日期"2015.01.22"，领用部门"采购部"，领用人"张平"，支票号"11102"，预计金额"50000"。如图 2-65 所示。

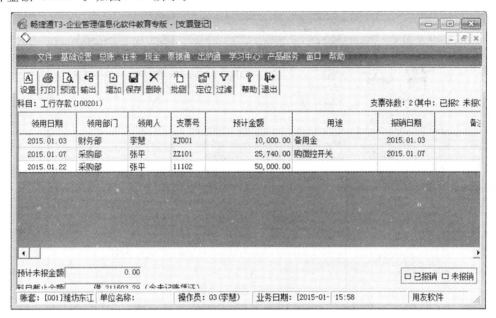

图 2-65 "支票登记"界面

（6）单击"保存"按钮。单击"退出"按钮。

操作提示：

- 只有在结算方式设置中选择"票据管理标志"功能才能在此选择登记。
- 领用日期和支票号必须输入，其他内容可输可不输。
- 报销日期不能在领用日期之前。
- 已报销的支票可成批删除。

三、账簿管理

以总账会计"01 赵丽"的身份注册企业门户。用户名：01；密码：1；账套：[001]潍坊东江电子设备有限责任公司；会计年度：2015；操作日期：2015－1－31。

(一)基本会计核算账簿查询

（1）执行系统菜单"账表→科目账→总账"命令，查询总账。

（2）执行系统菜单"账表→科目账→余额表"命令，查询发生额及余额表。

（3）执行系统菜单"账表→科目账→明细账"命令，查询月份综合明细账。

(二)部门账查询

1. 部门总账查询

(1)执行"总账→辅助账查询→部门总账→部门三栏总账"命令,进入"部门三栏总账条件"窗口。如图2-66所示。

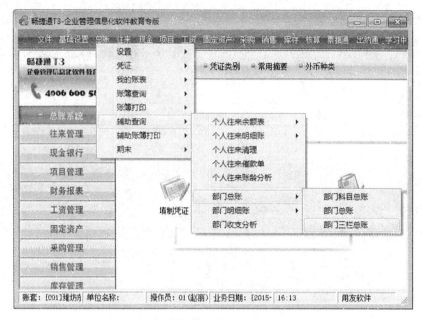

图2-66 打开"部门三栏总账"界面

(2)输入查询条件:科目"550205 招待费",部门"总经理办公室"。

(3)单击"确定"按钮,显示查询结果。如图2-67所示。

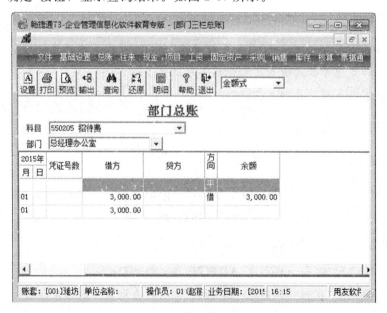

图2-67 "部门三栏总账"界面

(4)将光标定在总账的某笔业务上,单击"明细"按钮,可以联查部门明细账。如图 2-68 所示。

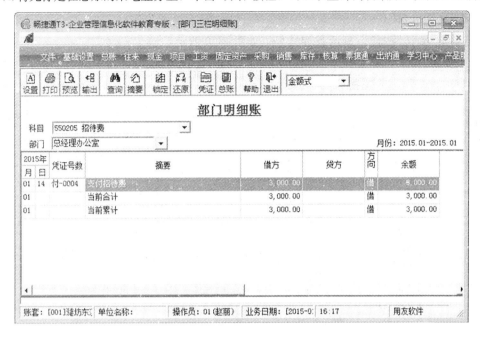

图 2-68 "部门三栏明细账"界面

2. 部门明细账查询

(1)执行系统菜单"总账→辅助账查询→部门明细账→部门多栏明细账条件"命令,进入"部门多栏明细账条件"窗口。如图 2-69 所示。

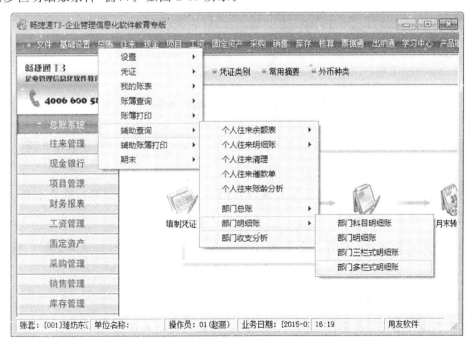

图 2-69 打开"部门多栏式明细账"界面

(2)选择科目"5502 管理费用",部门"总经理办公室",月份范围"2015.01—2015.01",分析方式"金额分析"。

(3)单击"确认"按钮,显示查询结果。如图 2-70 所示。

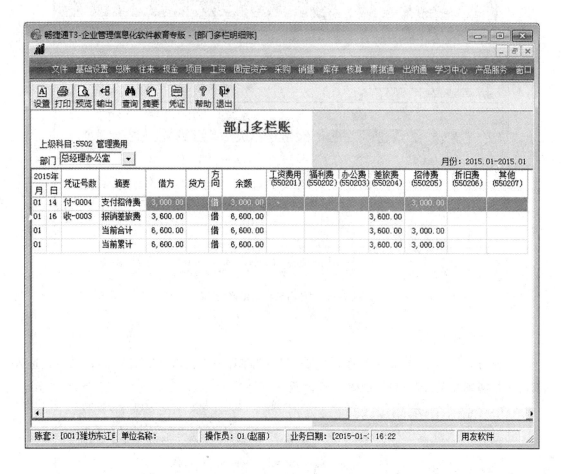

图 2-70 "部门多栏明细账"界面

(4)将光标定在多栏账的某笔业务上,单击"凭证"按钮,可以联查该笔业务的凭证。

3. 部门收支分析

(1)执行系统菜单"总账→辅助账查询→部门收支分析",进入"部门收支分析条件"窗口。如图 2-71 所示。

(2)第一步,选择分析科目。点击 ✓ 按钮,将所有部门核算科目选到下面的框中。如图 2-72 所示。

(3)单击"下一步"按钮。

(4)第二步,选择分析部门。同理,点击 ✓ 按钮,将所有部门选到下面的框中。

(5)单击"下一步"按钮。

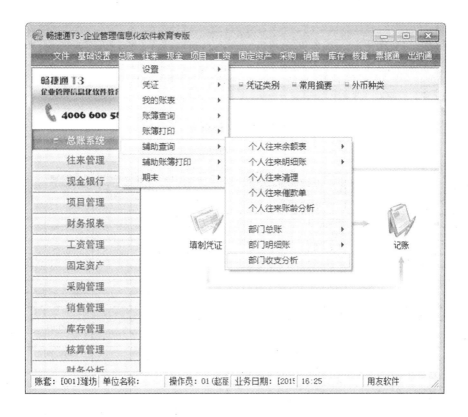

图 2-71　打开"部门收支分析"界面

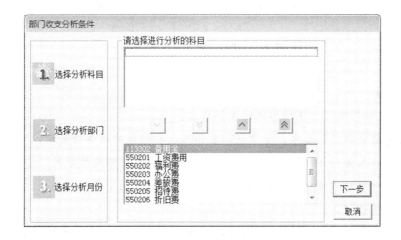

图 2-72　"部门收支分析条件"界面

（6）第三步选择分析月份：起止月份"2015.01—2015.01"。

（7）单击"完成"按钮，显示查询结果。如图 2-73 所示。

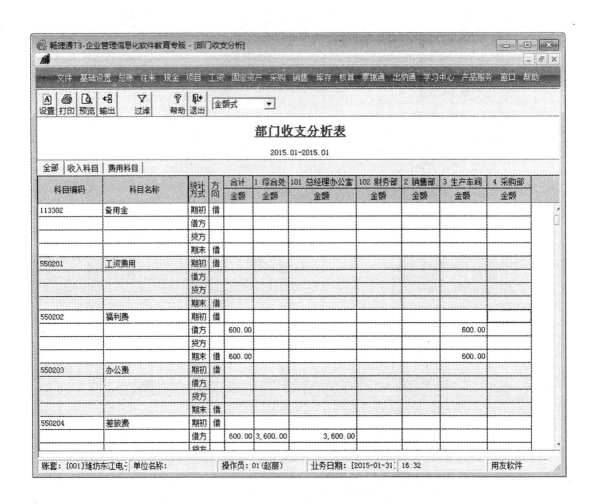

图 2-73 "部门收支分析表"界面

【知识链接】

账簿查询包括基本账簿查询和辅助账簿查询。

(1)基本账簿查询包括总账、余额表、明细账、日记账的账簿的查询。

打开"总账→账簿查询"菜单，可查询总账、余额表、明细账等账簿。

打开"现金→现金管理→日记账"菜单，可查询现金日记账和银行存款日记账。

(2)辅助账簿查询。

辅助核算账簿包括个人往来、部门核算、客户往来和供应商往来的总账、明细账查询输出。

打开"总账→辅助查询"菜单，可查询个人往来、部门核算辅助账。

打开"往来→辅助"菜单，可查询客户往来、供应商往来辅助账。

▶ **任务解析**

潍坊东江电子设备有限责任公司的财务工作分工如下：

账套主管赵丽主要负责凭证审核、结账、查询凭证、查询账簿等；

总账会计丁浩主要负责填制凭证、修改凭证、作废凭证、整理凭证、冲销凭证、查询凭证等；

出纳李慧主要负责出纳签字、登记支票登记簿、查询日记账和资金日报表等。

任务三　总账管理子系统期末处理

▶ **任务引例**

2015年1月末，潍坊东江电子设备有限公司完成总账管理子系统的日常业务处理和其他外部子系统日常业务处理及期末处理后，需要进行总账管理子系统的期末处理。

那么，总账管理子系统期末处理包括哪些工作？赵丽、丁浩、李慧又该如何分工、合作呢？

▶ **任务实施**

一、银行对账

以出纳"03李慧"的身份注册企业门户。用户名：03；密码：3；账套：[001]潍坊东江电子设备有限责任公司；会计年度：2015；操作日期：2015-1-31。

(一)输入银行对账期初数据

潍坊东江电子设备有限公司银行对账期初数据如下：

银行账的启用日期为2015.01.01，工行人民币户企业日记账调整前余额为315003.29元，银行对账单调整前余额为420003.29元，未达账项一笔，系银行已收企业未收款105000元。

(1)执行系统菜单"现金→设置→银行期初录入"命令，打开"银行科目选择"对话框。如图2-74所示。

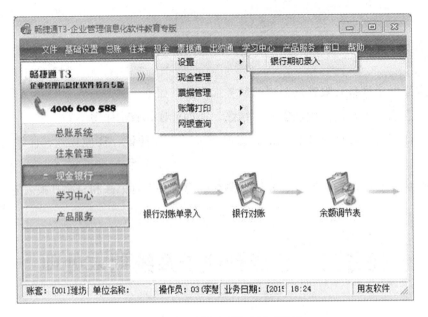

图 2-74　打开"银行期初录入"界面

(2)选择科目"100201 工行存款"。

(3)单击"确定"按钮,进入"银行对账期初"窗口。

(4)确定启用日期"2015.01.01"。

(5)输入单位日记账的调整前余额"315003.29";输入银行对账单的调整前余额"420003.29"。如图 2-75 所示。

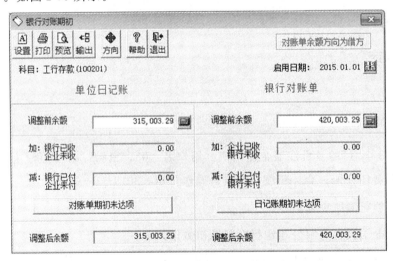

图 2-75　"银行对账期初"界面

(6)单击"对账单期初未达项"按钮,进入"银行方期初"窗口。

(7)单击"增加"按钮。

(8)输入日期"2014.12.31"，借方金额"105000"。如图 2-76 所示。

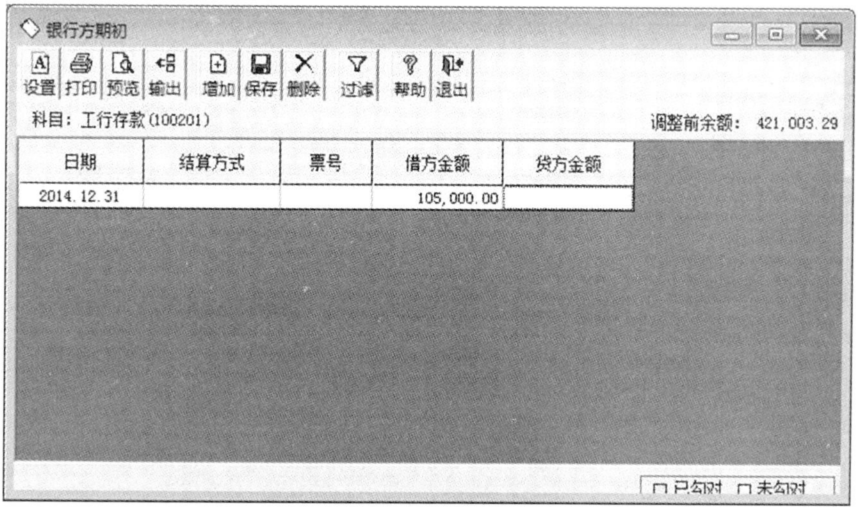

图 2-76　"银行方期初"界面

(9)单击"保存"按钮，单击"退出"按钮。

操作提示：

●第一次使用银行对账功能前，系统要求录入日记账及对账单未达账项，在开始使用银行对账之后不再使用。

●银行对账期初录入应在总账系统初始化时进行，本实验将此功能放在银行对账功能中实现。

●在单位日记账、银行对账单期初未达账项录入完成后，请不要随意调整启用日期，尤其是向前调，这样可能会造成启用日期后的期初数不能再参与对账。

(二)录入银行对账单

潍坊东江电子设备有限公司银行 2015 年 1 月份银行对账单如表 2-7 所示。

表 2-7　潍坊东江 2015 年 1 月份银行对账单

日期	结算方式	票号	借方金额	贷方金额
2015.01.03	201	XJ001		10000
2015.01.06	202	ZZ101		23400
2015.01.22	204	DH0001		175000

(1)执行系统菜单"现金→现金管理→银行账→银行对账单"命令，打开"银行科目选择"对话框。如图 2-77 所示。

(2)选择科目"100201 工行存款"。

(3)单击"确定"按钮，进入"银行对账单"窗口。

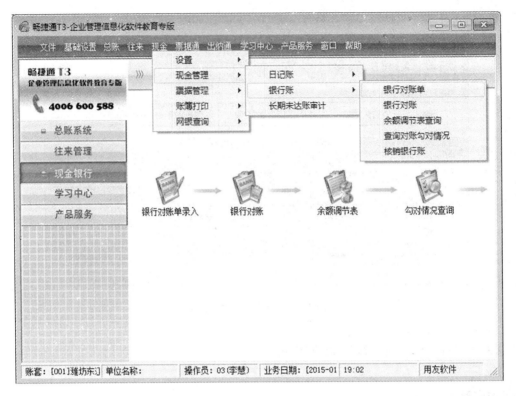

图 2-77 打开"银行对账单"界面

(4)单击"增加"按钮。

(5)按表 2-7 输入银行对账单数据。

(6)单击"保存"按钮。如图 2-78 所示。

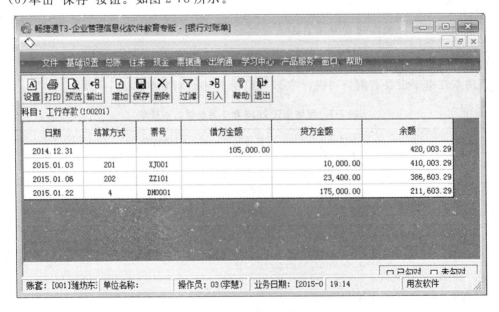

图 2-78 "银行对账单"界面

（三）银行对账

1. 自动对账

（1）执行"现金→现金管理→银行账→银行对账"命令，打开"银行科目选择"对话框。如图 2-79 所示。

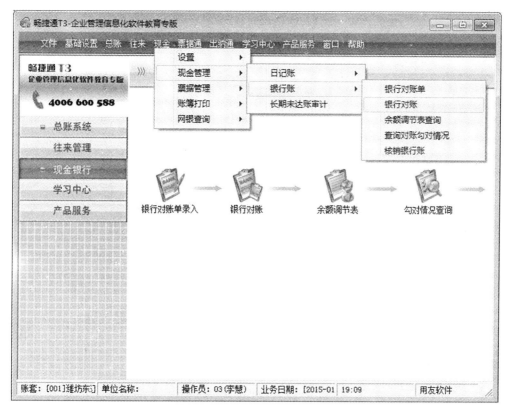

图 2-79　打开"银行对账"界面

（2）选择科目"100201 工行存款"。

（3）单击"确定"按钮，进入"银行对账"窗口。

（4）单击"对账"按钮，打开"自动对账"条件对话框。

（5）输入截止日期"2015.01.31"，默认系统提供的其他对账条件。如图 2-80 所示。

（6）单击"确定"按钮，显示自动对账结果。

（7）单击"检查"按钮，显示自动对账平衡检查结果。如图 2-81 所示。

操作提示：

●对账条件中的方向、金额相同是必选条件，对账截止日期可输可不输。

●对于已达账项，系统自动在银行存款日记账和银行对账单双方的"两清"栏打上圆圈标志。

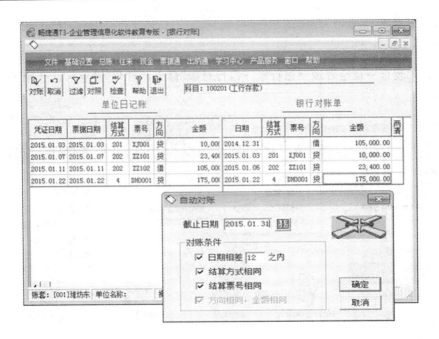

图 2-80 "自动对账"界面

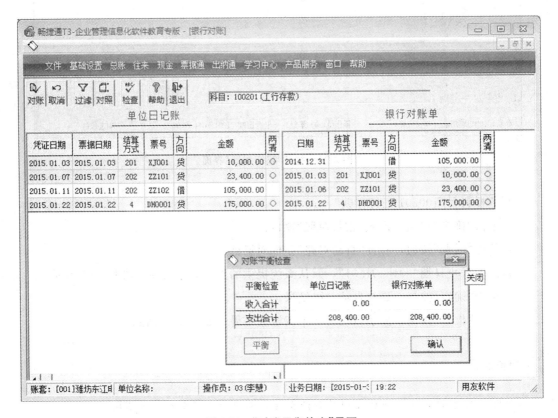

图 2-81 "对账平衡检查"界面

2. 手工对账

(1)在自动对账窗口，对于一些应勾对而未勾对上的账项，可分别双击"两清"栏，直接进行手工调整。

(2)对账完毕，单击"检查"按钮，检查结果平衡，单击"确认"按钮。如图 2-82 所示。

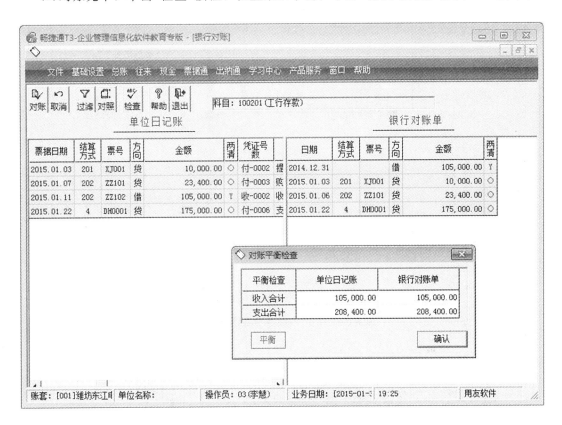

图 2-82 "手工对账"界面

操作提示：

●在自动对账不能完全对上的情况下，可采用手工对账。

(四)输出余额调节表

(1)执行系统菜单"现金→现金管理→银行账→余额调节表查询"命令，进入"银行存款余额调节表"窗口。如图 2-83 所示。

(2)选中科目"100201 工行存款"。

(3)单击"查看"或双击该行，即显示该银行账户的银行存款余额调节表。如图 2-84 所示。

(4)单击"打印"按钮，打印银行存款余额调节表。

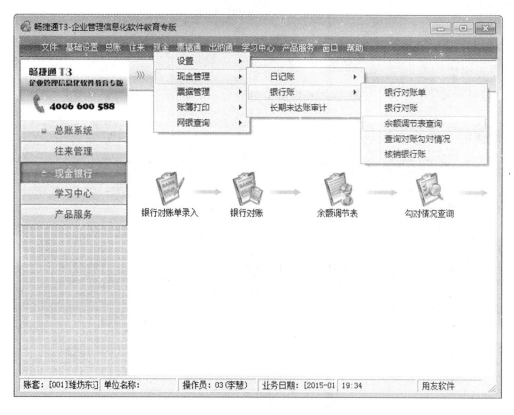

图 2-83　打开"余额调节表查询"界面

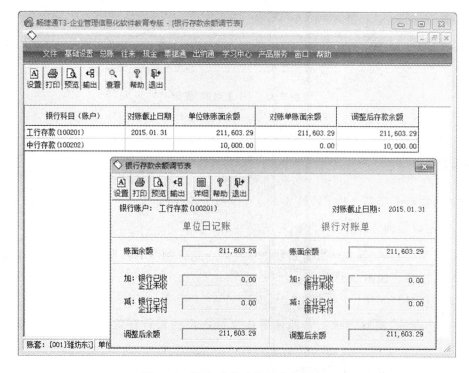

图 2-84　"银行存款余额调节表"界面

【知识链接】

企业的结算业务大部分要通过银行进行结算，但由于企业与银行的账务处理和入账时间不一致，往往会发生双方账面不一致的情况，即"未达账项"。为了能够准确掌握银行存款的实际余额，了解实际可以动用的银行存款数额，防止记账发生错误，企业必须定期将银行存款日记账与银行出具的对账单进行核对。

银行对账的主要步骤包括录入银行对账期初数据、录入银行对账单、进行银行对账（先进行自动对账，再进行手工对账补充）。生成银行存款余额调节表。

二、自动转账

(一)转账定义

以总账会计"02 丁浩"的身份注册企业门户。用户名：02；密码：2；账套：[001]潍坊东江电子设备有限责任公司；会计年度：2015；操作日期：2015-1-31。

1. 自定义结转设置

(1)执行系统菜单"总账→期末→转账定义→自定义转账"命令，进入"自动转账设置"窗口。如图 2-85 所示。

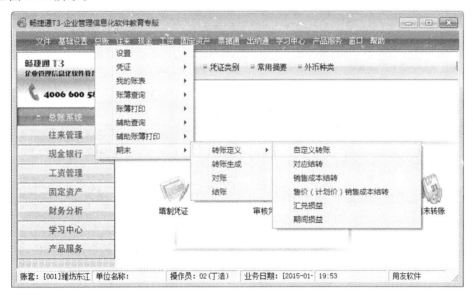

图 2-85　打开"自定义转账"界面

(2)单击"增加"按钮，打开"转账目录"设置对话框。

(3)输入转账序号"0001"，转账说明"计提短期借款利息"；选择凭证类别"转账凭证"。如图 2-86 所示。

(4)单击"确定"按钮，继续定义转账凭证分录信息。

(5)确定分录的借方信息。选择科目编码"5503"，方向"借"，输入金额公式"JG()"。

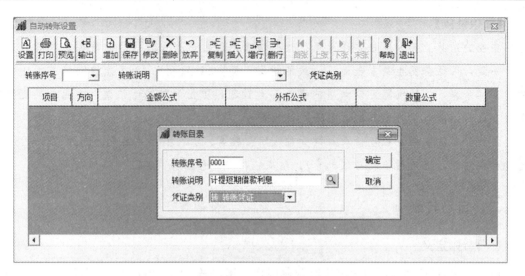

图 2-86 "自动转账设置"界面

(6)单击"增行"按钮。

(7)确定分录的贷方信息。选择科目编码"2191"，方向"贷"，输入金额公式"QM(2101，月，贷)＊0.08/12"。如图 2-87 所示。

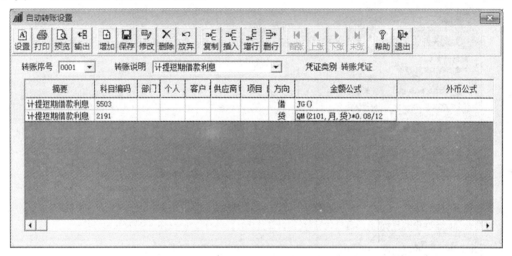

图 2-87 "自动转账金额公式设置"界面

(8)单击"保存"按钮。

操作提示：

●转账科目可以为非末级科目、部门可为空，表示所有部门。

●如果使用应收、应付系统，则在总账系统中，不能按客户、供应商辅助项进行结转，只能按科目总数进行结转。

●输入转账计算公式有两种方法：一是直接选择计算公式；二是引导方式录入公式。可以双击"金额公式"栏，点击🔍，从"公式向导"中选择合适的公式。同时"公式向导"中还有各种函数的公式名称，便于理解记忆。例如公式"JG( )"是指"取对方科目计算结果"，公式"QM(2101，月，贷) * 0.08/12"是指"科目 2101 月末贷方余额 * 0.08/12"。

2. 期间损益结转设置

(1)执行系统菜单"总账→期末→转账定义→期间损益"命令，进入"期间损益结转设置"窗口。如图 2-88 所示。

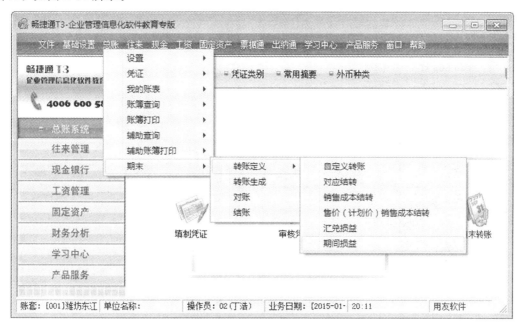

图 2-88　打开"期间损益结转"界面

(2)选择凭证类别"转账凭证"，选择"本年利润科目 3131"。如图 2-89 所示。

图 2-89　"期间损益结转设置"界面

(3)单击"确定"按钮。

(二)转账生成

1. 自定义结转生成

(1)执行系统菜单"总账→期末→转账生成"命令,进入"转账生成"窗口。如图 2-90 所示。

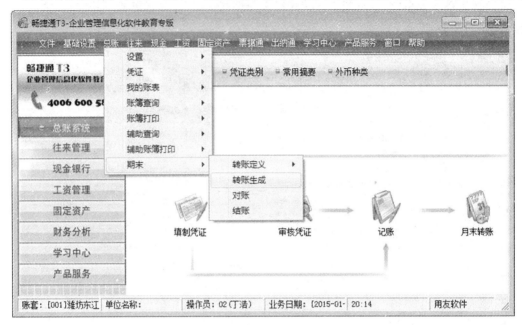

图 2-90   打开"转账生成"界面

(2)单击"自定义转账"单选按钮,出现"转账生成"窗口,单击"全选"按钮。

(3)单击"确定"按钮,生成转账凭证。如图 2-91 所示。

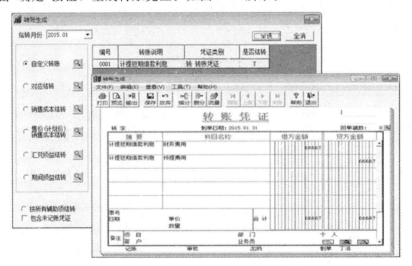

图 2-91   "自动生成凭证"界面

(4)单击"保存"按钮,系统自动将当前凭证追加到未记账凭证中。

操作提示：

- 转账生成之前，提示转账月份为当前会计月份。
- 进行转账生成之前，先将相关经济业务的记账凭证登记入账。
- 转账凭证每月只生成一次。
- 若使用应收、应付系统，则总账系统中，不能按客户、供应商进行结转。
- 生成的转账凭证，仍需审核，才能记账。

2. 重新注册总账系统

以"01 赵丽"身份重新注册总账系统，将生成的自动转账凭证审核、记账。

(1)以账套总管"01 赵丽"的身份注册企业门户。用户名：01；密码：1；账套：[001]潍坊东江电子设备有限责任公司；会计年度：2015；操作日期：2015-1-31。

(2)审核凭证。执行系统菜单"总账→凭证→审核凭证"命令，打开"审核凭证"界面。双击需要审核的凭证，检查无误后，点击"审核"。完成后退出。如图 2-92 所示。

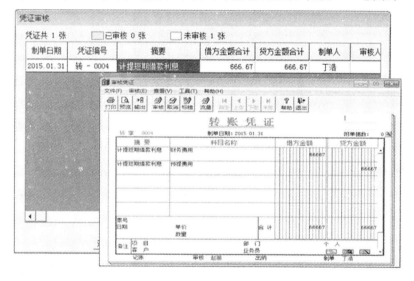

图 2-92　"审核凭证"界面

(3)记账。执行系统菜单"总账→凭证→记账"命令，打开"记账"界面。点击"全选"，然后点击"下一步"，最后点击"记账"。完成记账后退出。

操作提示：

- 此步操作非常重要，将对期间损益的结转产生影响。

3. 期间损益结转生成

以总账会计"02 丁浩"的身份重新注册企业门户。用户名：02；密码：2；账套：[001]潍坊东江电子设备有限责任公司；会计年度：2015；操作日期：2015-1-31。

（1）执行系统菜单"总账→期末→转账生成"命令，进入"转账生成"窗口。

（2）单击"期间损益结转"单选按钮。

（3）单击"全选"按钮。如图 2-93 所示。

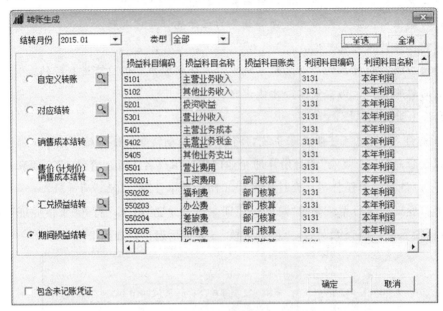

图 2-93　"损益结转凭证自动生成"界面

（4）单击"确定"按钮，生成转账凭证。

（5）单击"保存"按钮，系统自动将当前凭证追加到未记账凭证中。如图 2-94 所示。

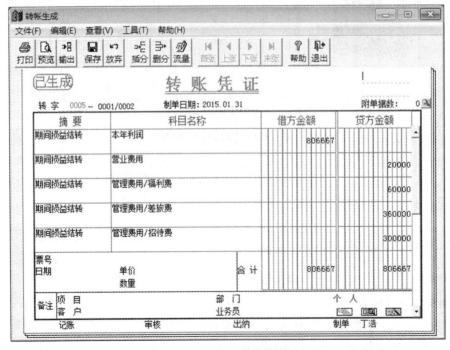

图 2-94　"损益结转凭证生成"界面

操作提示：

● 以账套总管"01 赵丽"的身份重新注册总账系统，将生成的期间损益结转凭证审核、记账。用户名：01；密码：1；账套：[001]潍坊东江电子设备有限责任公司；会计年度：2015；操作日期：2015-1-31。

【知识链接】

第一次使用总账管理子系统，应先进行"转账定义"，即设置自动转账分录。完成转账定义后，在以后各月只需调用"转账生成"功能，即可快速生成转账凭证。

总账系统自动转账生成时，有些业务是相关转账，一定要注意转账生成的顺序。一般转账时首先结转总账内除期间损益以外的业务并记账，最后结转期间损益并记账。

三、对账

(1)执行系统菜单"总账→期末→对账"命令，进入"对账"窗口。如图 2-95 所示。

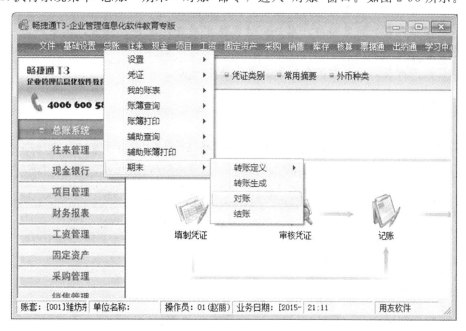

图 2-95　打开"对账"界面

(2)将光标定位在要进行对账的月份"2015.01"。

(3)单击"选择"按钮。

(4)单击"对账"按钮，开始自动对账，并显示对账结果。

(5)单击"试算"按钮，可以对各科目类别余额进行试算平衡。如图 2-96 所示。

(6)单击"确认"按钮。

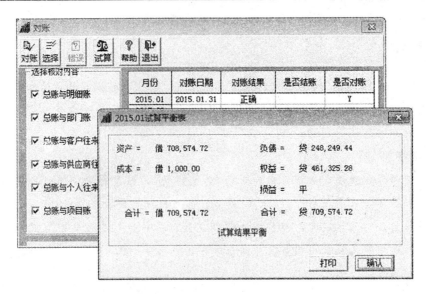

图 2-96　"试算平衡"界面

【知识链接】

对账是指对账簿数据进行核对，以检查记账是否正确。

为保证账证相符、账账相符，用户应经常使用对账功能进行对账，至少一月一次，一般在月末结账前进行。

为保证账实相符，账目和实物对账应至少每年一次。

四、结账

(一)结账

(1)执行系统菜单"总账→期末→结账"命令，进入"结账"窗口。如图 2-97 所示。

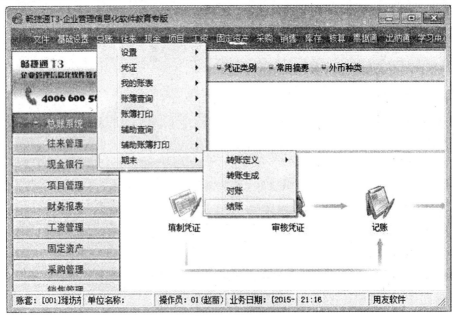

图 2-97　打开"结账"界面

（2）单击要结账月份"2015.01"。如图 2-98 所示。

图 2-98　"选择结账月份"界面

（3）单击"下一步"按钮。

（4）单击"对账"按钮，系统对要结账的月份进行账账核对。如图 2-99 所示。

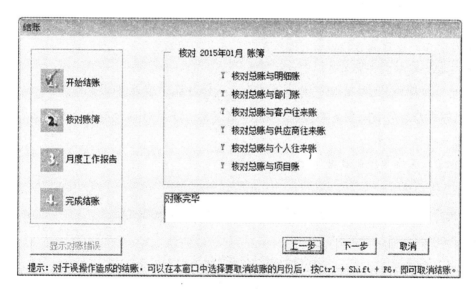

图 2-99　"核对账簿"界面

（5）单击"下一步"按钮，系统显示"2015 年 01 月工作报告"。

（6）查看工作报告后，单击"下一步"按钮。如图 2-100 所示。

（7）单击"结账"按钮，若符合结账要求，系统将进行结账，否则不予结账。

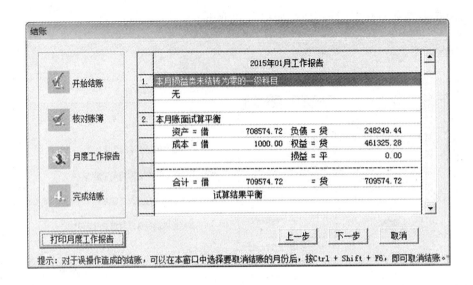

图 2-100 "2015 年 1 月工作报告"界面

操作提示:

●结账只能由有结账权限的人进行。

●本月还有未记账凭证时，则本月不能结账。

●结账必须按月连续进行，上月未结账，则本月不能结账。

●若总账与明细账对账不符，则不能结账。

●如果与其他系统联合使用，其他子系统未全部结账，则本月不能结账。(本任务引例中正是因为有其他子系统未全部结账，所以不能结账。在教材后面各个子系统期末结账后，再对总账系统进行结账。)

●结账前，系统要进行数据备份。

(二)取消结账

(1)执行系统菜单"总账→期末→结账"命令，进入"结账"窗口。

(2)选择要取消结账的月份"2015.01"。

(3)按"Ctrl＋Shift＋F6"键激活"取消结账"功能。

(4)输入口令"1"，单击"确认"按钮，取消结账标记。

操作提示:

●当在结完账后，由于非法操作或计算机病毒或其他原因可能会造成数据被破坏，这时可以在此使用"取消结账"功能。

●取消结账后，必须重新结账。

●取消结账的权限应当严格控制。

【知识链接】

每月月末都要进行结账处理。结账实际上就是计算和结转各账簿的本期发生额和期末余额，并终止本期的账务处理工作。每月只结账一次。

在信息化方式下，结账工作与手工相比简单多了。结账是一种成批数据处理，主要是对当月日常处理的限制和对下月账簿的初始化，由电脑自动完成。

在结账之前要作下列检查：

(1)检查本月凭证是否全部记账，有未记账凭证不能结账。

(2)检查上月是否已结账，上月未结账，则本月不能记账。

(3)核对总账与明细账、总账与辅助账、辅助账和明细账是否一致，不一致不能结账。

(4)检查损益类科目的余额是否全部结转到本年利润，否则本月不能结账。

(5)若与其他子系统联合使用，检查其他子系统是否已结账。若其他子系统未结账，则本月不能结账。

结账前要进行数据备份，结账后不得再录入本月凭证，并终止各账户的记账工作；计算本月各账户发生额合计和本月账户期末余额，并将余额结转下月月初。

任务解析

总账管理子系统期末处理主要包括自定义转账生成、损益结转凭证生成、凭证审核、记账、对账、结账等。其中账簿主管赵丽主要负责凭证审核、记账、对账、结账等工作；总账会计丁浩主要负责自定义转账生成、损益结转凭证生成等；出纳李慧主要负责相关凭证的出纳签字。

项目小结

总账管理子系统是整个会计信息系统中最基本和最重要的子系统。它利用建立的会计科目体系，输入和处理各种记账凭证，完成记账、对账以及结账工作，输出各种总分类账、日记账、明细账和有关辅助账。主要提供凭证处理、账簿处理、出纳管理和期末转账等基本核算功能，并提供个人、部门、客户、供应商、项目核算和备查簿等辅助管理功能。在业务处理的过程中，可随时查询包含未记账凭证的所有账表，充分满足管理者对信息及时性的要求。

本项目主要学习总账管理子系统的操作，主要内容包括会计科目设置、项目目录设置、凭证类别设置、期初余额录入、填制凭证、出纳签字、审核凭证、查询凭证、修改凭证、整理凭证、冲销凭证、银行对账、记账、期末转账定义、期末转账生成、对账、结账、账簿查询等。重点要求掌握总账管理子系统初始设置、日常处理和期末处理的操作步骤和方法，难点是会计科目设置、期初余额录入、填制凭证、冲销凭证、银行对账、冲销记账、期末转账定义、反结账。课后可通过课外项目强化训练。

项目训练

导入项目二课外项目训练的账套数据。

进行山东文和科技有限责任公司总账子系统的初始设置，并完成公司 2016 年 1 月的经济业务账务处理。

1. 总账控制参数

总账控制参数，见表 2-8。

表 2-8　总账控制参数

选项卡	参数设置
凭证	制单序时控制 支票控制 可以使用系统的受控科目 打印凭证页脚姓名 出纳凭证必须经出纳签字 凭证编号由系统编号 外币核算采用固定汇率 进行预算控制
账簿	账簿打印位数每页打印行数按软件默认的标准设定 明细账打印按年排页
会计日历	会计日历为 1 月 1 日—12 月 31 日
其他	数量小数位和单价小数位设为 2 位 部门、个人、项目按编码方式排序

2. 基础数据

(1)会计科目及 2016 年 1 月份期初余额表，表 2-9。

表 2-9　会计科目及 2016 年 1 月份期初余额表

科目名称	辅助核算	方向	币别计量	期初余额
库存现金（1001）	日记	借		5000
银行存款（1002）	银行日记	借		300000
工行存款（100201）	银行日记	借		200000
中行存款（100202）	银行日记	借	美元	（此为人民币金额）100000
应收账款（1131）	客户往来	借		120000,
其他应收款（1133）	个人往来	借		6000
在途物资（1201）		借		20200
原材料（1211）		借		36000
空白光盘（121101）	数量核算	借	张	20000
其他原料（121102）		借		16000
库存商品（1243）		借		181200
固定资产（1501）		借		750000
累计折旧（1502）		贷		125000
无形资产（1801）		借		250000
短期借款（2101）				100000
应付账款（2121）	供应商往来	贷		168000
应交税费（2171）				
应交增值税（217101）				
进项税额（21710101）				
销项税额（21710102）				
其他应付款（2181）		贷		10600
实收资本（3101）		贷		1000000
利润分配（3141）		贷		
未分配利润（314101）		贷		309800
生产成本（4101）		借		45000
直接材料（410101）	项目核算	借		12000
直接人工（410102）	项目核算	借		25000
制造费用（410103）	项目核算	借		8000
管理费用（5502）		借		
工资（550201）	部门核算	借		
福利费（550202）	部门核算	借		

续表

科目名称	辅助核算	方向	币别计量	期初余额
办公费((550203)	部门核算	借		
差旅费(550204)	部门核算	借		
招待费(550205)	部门核算	借		
折旧费(550206)	部门核算	借		
其他(550207)	部门核算	借		

说明:

①由于一级会计科目在建账时由系统预置,表中只列出了需要增加、修改或有余额的会计科目。

②科目建立完后,指定"现金科目"和"银行科目"。

(2)凭证类别,见表 2-10。

表 2-10 凭证类别

凭证类别	限制类型	限制科目
收款凭证	借方必有	1001,100201,100202
付款凭证	贷方必有	1001,100201,100202
转账凭证	凭证必无	1001,100201,100202

(3)项目目录,见表 2-11。

表 2-11 项目目录

项目设置步骤	设置内容
项目大类	生产成本
核算科目	生产成本(4101) 直接材料(410101) 直接人工(410102) 制造费用(410103)
项目分类	1. 学习类软件 2. 游戏类软件
项目名称	A 软件 B 软件

3. 期初余额

(1)总账期初余额表。

(2)辅助账期初余额表,见表 2-12、2-13、2-14、2-15。

表 2-12　其他应收款辅助账期初余额

会计科目：1133 其他应收款　　　　余额：借 6000 元

日期	凭证号	部门	个人	摘要	方向	期初余额
2015—12—25	付—116	经理办公室	张同	出差借款	借	4000
2015—12—28	付—117	市场一部	赵红	出差借款	借	2000

表 2-13　应收账款辅助账期初余额

会计科目：　1131 应收账款　　　　余额：借 120000 元

日期	凭证号	客户	摘要	方向	金额	业务员	票号	票据日期
2015—12—26	转—118	飞宇中学	销售商品	借	73200	赵红	P201	2015—12—26
2015—12—12	转—119	智宏公司	销售商品	借	6800	赵红	P202	2015—12—12

表 2-14　应付账款辅助账期初余额

会计科目：　2121 应付账款　　　　余额：贷 168000 元

日期	凭证号	供应商	摘要	方向	金额	业务员	票号	票据日期
2015—12—20	转—120	北京万科	购买商品	贷	168000	张伟	P203	2015—12—20

表 2-15　生产成本辅助账期初余额

会计科目：　4101 生产成本　　　　余额：借 45000 元

科目名称	A 软件	B 软件	合计
直接材料(410101)	6500	5500	12000
直接人工(410102)	15000	10000	25000
制造费用(410103)	5000	3000	8000
合计	26500	18500	45000

4. 凭证管理

1 月经济业务如下：

(1)2 日，市场一部赵红购买了 500 元的礼品，以现金支付。(附单据一张)

(付款凭证)摘要：购礼品

借：销售费用(5501)　　　　　　　　　　　　　　　　500

　　贷：库存现金(1001)　　　　　　　　　　　　　　500

(2)4 日，财务部李芳从工行提取现金 8000 元，作为备用金。(现金支票号 XP001)

(付款凭证)摘要：提现

借：库存现金(1001)　　　　　　　　　　　　　　　　8000

　　贷：银行存款/工行存款(100201)　　　　　　　　8000

(3)6 日，收到太平洋集团投资资金 20000 美元，汇率 1：7.6。(转账支票号 ZPW001)

（收款凭证）摘要：收到投资

借：银行存款/中行存款（100202） 152000

贷：实收资本（3101） 152000

（4）7日，供应部张伟采购空白光盘1000张，每张2元，材料直接入库，货款以银行存款支付。（转账支票号ZPR001）

（付款凭证）摘要：购空白光盘

借：原材料/空白光盘（121101） 2000

应交税费/应交增值税/进项税额（21710101） 340

贷：银行存款/工行存款（100201） 2340

（5）11日，市场一部赵红收到北京飞宇中学转来一张转账支票，金额73200元，用以偿还前欠货款。（转账支票号ZPR002）

（收款凭证）摘要：收到货款

借：银行存款/工行存款（100201） 73200

贷：应收账款（1131） 73200

（6）12日，供应部张伟从深圳兴盛软件公司购入"学习革命"光盘100张，单价60元，货税款暂欠，商品已验收入库。

（转账凭证）摘要：购"学习革命"光盘

借：库存商品（1243） 6000

应交税金/应交增值税/进项税额（21710101） 1020

贷：应付账款（2121） 7020

（7）14日，经理办公室支付业务招待费3000元。（转账支票号ZZR003）

摘要：支付招待费

借：管理费用/招待费（550205） 3000

贷：银行存款/工行存款（100201） 3000

（8）16日，经理办公室张同出差归来，报销差旅费4000元。

（转账凭证）摘要：报销差旅费

借：管理费用/差旅费（550204） 4000

贷：其他应收款（1133） 4000

（9）18日，生产部领用光盘500张，单价2元，用于生产A软件。

（转账凭证）摘要：领用空白光盘

借：生产成本/直接材料（410101） 1000

贷：原材料/空白光盘（121101） 1000

（10）20日，研发中心王佳报销医药费200元。

（付款凭证）摘要：报销医药费

借：管理费用/福利费（550202） 200

　　　　贷：库存现金(1001)　　　　　　　　　　　　　　　　200

(11)23日，市场一部赵红售给广州智宏公司A软件100套，每套200元，货款未收。(适用税率：17%)

(转账凭证)摘要：售A软件，款未收

借：应收账款(1131)　　　　　　　　　　　　　　　　23400

　　贷：主营业务收入(5101)　　　　　　　　　　　　　20000

　　　　应交税金/应交增值税/销项税额(21710102)　　　3400

(12)25日，A软件产品完工入库。

(转账凭证)摘要：A软件完工入库

借：库存商品(1243)　　　　　　　　　　　　　　　　12000

　　贷：生产成本/直接材料(410101)　　　　　　　　　　1000

　　　　生产成本/直接人工(410102)　　　　　　　　　　8000

　　　　生产成本/制造费用(410103)　　　　　　　　　　3000

(13)31日，结转A软件产品销售成本。数量：100套，单价：80元。

(转账凭证)摘要：结转A软件销售成本

借：主营业务成本(5401)　　　　　　　　　　　　　　8000

　　贷：库存商品(1243)　　　　　　　　　　　　　　　8000

(14)登记支票簿。26日，市场二部宋瑞借转账支票一张，票号115，限额5000元。

(15)录入银行对账期初。文和公司银行账的启用日期为2016/01/01，工行人民币账户企业日记账调整前余额为200000元，银行对账单调整前余额为230000元，未达账项一笔，系银行已收企业未收款30000元。

(16)录入银行对账单。

2016年1月份银行对账单，表2-16。

表2-16　2016年1月份对账单

日期	结算方式	票号	借方金额	贷方金额
2016.01.04	201	XP001		8000
2016.01.06				60000
2016.01.07	202	ZPR001		2340
2016.01.11	202	ZPR002	73200	

5. 自动转账

(1)自定义结转定义。

借：财务费用(5503)　　JG()　　　　　　　　　　　(取对方科目结果)

　　贷：应付利息(2231)　　QM(2101，月，贷)*0.09/12　　("短期借款"期末余额*

　　　　8%/12)

(2)期间损益结转定义。

(3)31 日，计提本月短期借款利息。自动生成凭证的审核、记账。

(4)31 日，结转期间损益。生成凭证审核、记账。

6．期末对账、结账

完成后，输出账套。

将备份的账套妥善保管，后续课外项目练习需在此账套内完成。

项目三 财务报表管理

技能目标

●掌握报表格式定义、公式定义的操作方法，会使用自定义报表功能进行部分常用报表编制；

●掌握报表数据处理、表页管理及图表功能等操作，会使用用友畅捷通 T3 财务报表系统进行企业常用报表的编制；

●掌握利用报表模板生成一张报表的操作，能使用用友畅捷通 T3 财务报表系统生成企业财务报表。

工作任务

●定义报表结构；

●使用自定义的报表，生成报表数据；

●调用系统自带报表模板生成报表。

任务一 编制自定义报表

任务引例

赵丽作为潍坊东江电子设备有限责任公司的财务经理，想要编制一张货币资金表，见表 3-1。随时了解公司现金和银行存款的期初期末金额情况，赵丽应该进行哪些工作呢？

表 3-1　货币资金表

编制单位：东江电子　　　　　年　　月　　日　　　　　单位：元

项　目	行　次	期初数	期末数
现金	1		
银行存款	2		
合计	3		

制表人：

说明：

标题"货币资金表"设置为"黑体、14 号、居中"。

编制单位行设置为"宋体、12 号"。

年、月、日设为关键字。

表体中文字设置为"宋体、12 号、加粗、居中"。

"制表人："设置为"宋体、12 号、右对齐"。

任务实施

一、启动财务报表系统

(1)以账套总管"01 赵丽"的身份注册企业门户。用户名：01；密码：1；账套：[001]潍坊东江电子设备有限责任公司；会计年度：2015；操作日期：2015－1－31。

(2)双击左侧"财务报表"菜单项，进入"UFO 报表窗口"。

(3)单击"日积月累"对话框中的"关闭"按钮。

(4)单击工具栏中的"新建"按钮，建立一张空白报表，报表名默认为"report1"。如图 3-1所示。

【知识链接】

财务报表是综合反映企业一定时期财务状况、经营成果和现金流量信息的书面文件，是企业经营活动的总结。作为企业财务会计报告核心内容的会计报表，它为企业内部各部门及外部相关部门提供最为重要的会计信息，有利于报表使用者进行管理和决策。

报表系统的主要任务是设计报表的格式和编制公式，从总账系统或其他业务系统中取得有关会计信息自动编制各种会计报表，对报表进行审核、汇总、生成各种分析图，并按预定格式输出各种会计报表。

二、自定义货币资金表

报表定义需要在"格式"状态下进行。

检查新建的空白报表底部左下角是不是红字"格式"，若不是，单击该"格式/数据"按钮，使当前状态为"格式"状态。如图 3-1 所示。

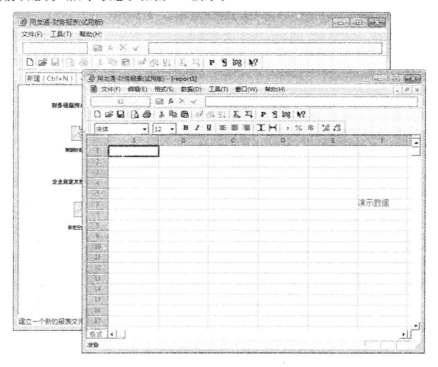

图 3-1 "新建报表"界面

(一)报表格式定义

1. 设置报表尺寸

(1)执行"格式→表尺寸"命令，打开"表尺寸"对话框。

(2)输入行数"7"，列数"4"。如图 3-2 所示。

(3)单击"确认"按钮。

【知识链接】

报表编制分为两大部分来处理，即报表定义以及报表数据处理工作。这两部分工作是在不同状态下进行的。

(1)格式状态。在报表格式状态下进行有关格式和公式设计的操作，报表格式如表尺寸、行高、列宽、单元属性、单元风格、组合单元、关键字等。

(2)数据状态。在报表的数据状态下管理报表的数据，如输入数据、增加或删除表页、审核等。在数据状态下不能修改报表的格式，用户看到的是报表的全部内容，包括格式和数据。

报表工作区的左下角有一个"格式/数据"按钮。单击这个按钮可以在"格式状态"和"数据状态"之间切换。

图 3-2　设置"表尺寸"界面

2. 定义组合单元

(1)选择需合并的区域"A1：D1"。

(2)执行"格式→组合单元"命令，打开"组合单元"对话框。如图 3-3 所示。

(3)选择组合方式"整体组合"或"按行组合"，该单元即合并成一个单元格。

(4)同理，定义"A2：D2"单元为组合单元。如图 3-3 所示。

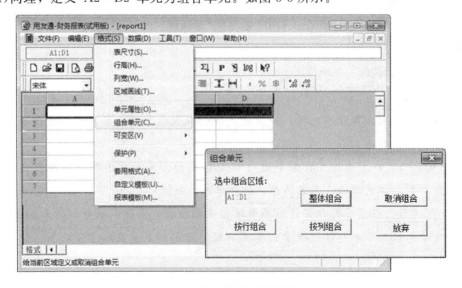

图 3-3　打开"组合单元"界面

【知识链接】

单元是组成报表的最小单元。单元名称由所在行、列标识。例如：D7 表示第 4 列第 7 行交汇的那个单元。

3. 画表格线

（1）选中报表需要画线的区域"A3：D6"。

（2）执行"格式→区域画线"命令，打开"区域画线"对话框。

（3）选择"网线"。如图 3-4 所示。

（4）单击"确认"按钮，将所选区域画上表格线。

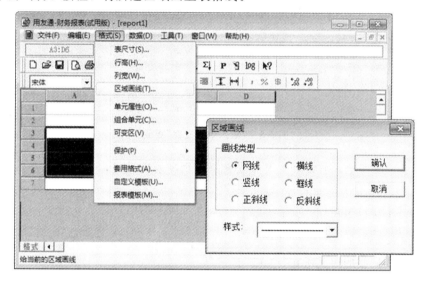

图 3-4 "区域画线"界面

4. 输入报表项目

（1）选中 A1 组合单元。

（2）在该组合单元中输入"货币资金表"。

（3）根据任务引例表 3-1，输入其他单元的文字内容。如图 3-5 所示。

操作提示：

• 报表项目指报表的文字内容，主要包括表头内容、表体项目、表尾项目等，不包括关键字。

• 编制单位、日期一般不作为文字内容输入，而是需要设置为关键字。

【知识链接】

报表的格式一般都由标题、表头、表体和表尾组成。

（1）标题：表示报表的名称。

（2）表头：描述报表的编制单位名称、编制日期、编制计量单位、报表栏目名称等。报表栏目名称，是表头中的重要内容。

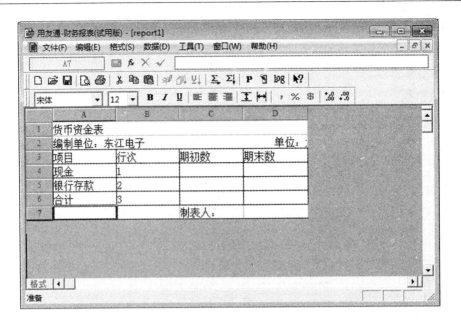

图 3-5 "输入单元文字"界面

(3)表体：一张报表的核心，它是报表数据的主要表现区域，是报表的主体，由表行和表列组成。

(4)表尾：表体以下的辅助说明部分。

5. 定义报表行高

(1)选中需要调整的单元所在行"A1"。

(2)执行"格式→行高"命令，打开"行高"对话框。

(3)输入行高"7"。如图 3-6 所示。

(4)单击"确定"按钮。

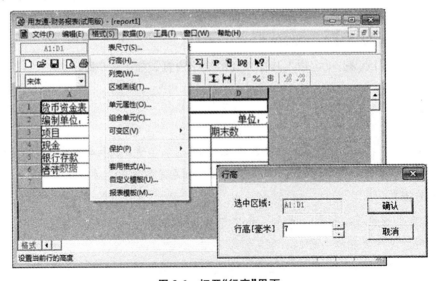

图 3-6 打开"行高"界面

操作提示：

●行高的单位为毫米。

6. 定义报表列宽

(1)选中 A 列到 D 列。

(2)执行"格式→列宽"命令，打开"列宽"对话框。

(3)输入列宽"30"。如图 3-7 所示。

(4)单击"确定"按钮。

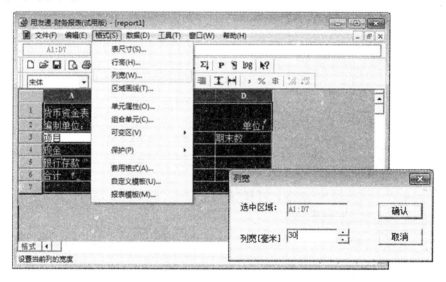

图 3-7 打开"列宽"界面

操作提示：

●列宽的单位为毫米。

7. 设置单元风格

(1)选中标题所在组合单元"A1"。

(2)执行"格式→单元属性"命令，打开"单元格属性"对话框。如图 3-8 所示。

(3)单击"字体图案"选项卡，设置字体"黑体"，字号"14"。

(4)单击"对齐"选项卡，设置对齐方式，水平方向和垂直方向都选"居中"。

(5)单击"确定"按钮。

(6)同理，设置表体、表尾的"单元格属性"。

【知识链接】

单元风格主要指的是单元内容的字体、字号、字形、对齐方式、颜色图案等。设置单元风格会使报表更符合阅读习惯，更加美观清晰。

图 3-8　设置"字体"界面

8. 设置单元属性

(1)选定单元格"D7"。

(2)执行"格式→单元属性"命令，打开"单元格属性"对话框。如图 3-9 所示。

(3)单击"单元类型"选项卡。

(4)单击"字符"选项。

(5)单击"确定"按钮。

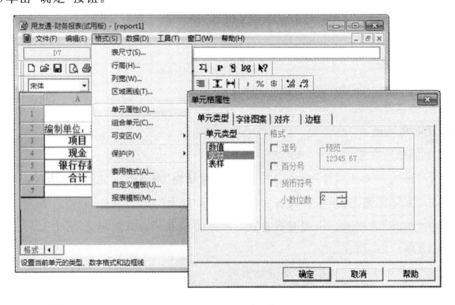

图 3-9　设置"单元类型"界面

操作提示：

●格式状态下输入内容的单元均默认为表样单元，未输入数据的单元均默认为数值单元，在数据状态下可输入数值。若希望在数据状态下输入字符，应将其定义为字符单元。

●字符单元和数值单元输入后只对本表页有效，表样单元输入后对所有表页有效。

【知识链接】

UFO的单元类型有数值单元、字符单元、表样单元三种。

(1)数值单元。用于存放报表的数值型数据。数值单元的内容可以直接输入或由单元中存放的单元公式运算生成。建立一个新表时，所有单元的缺省类型为数值型。

(2)字符单元。用于存放报表的字符型数据。字符单元的内容可以直接输入，也可由单元公式生成。

(3)表样单元。表样单元是报表的格式，是定义一个没有数据的空表所需的所有文字、符号或数字。一旦单元被定义为表样，那么在其中输入的内容对所有表页都有效。表样单元只能在格式状态下输入和修改。

9. 设置关键字

(1)选中需要输入关键字的组合单元"A2"。

(2)执行"数据→关键字→设置"命令，打开"设置关键字"对话框。如图3-10所示。

(3)单击"年"单选按钮。

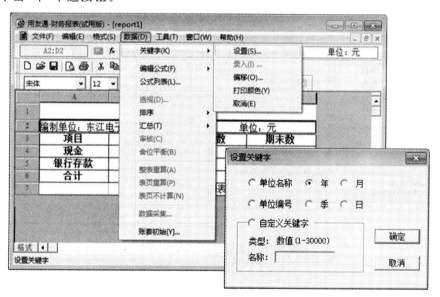

图3-10 设置"关键字"界面

(4)单击"确定"按钮。

(5)同理，设置"月""日"关键字。

操作提示:

●每个报表可以同时定义多个关键字。

●如果要取消关键字,须执行"数据→关键字→取消"命令。

【知识链接】

关键字是可以引起报表数据发生变化的项目。共有六种关键字,"单位名称""单位编号""年""季""月""日",除此之外,还可以自定义关键字,当定义名称为"周"和"旬"时有特殊意义,可在业务函数中代表取数日期。

关键字的显示位置在格式状态下设置,关键字的值则在数据状态下录入,每张报表可以定义多个关键字。

10.调整关键字位置

(1)执行"数据→关键字→偏移"命令,打开"定义关键字偏移"对话框。

(2)在需要调整位置的关键字后面输入偏移量,年"−150",月"−120",日"−90"。如图 3-11 所示。

(3)单击"确定"按钮。

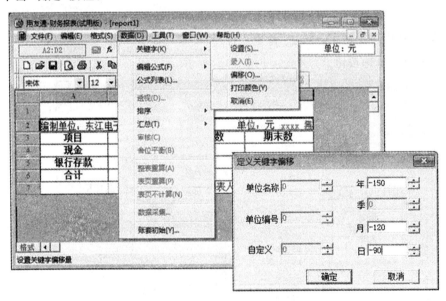

图 3-11 "定义关键字偏移"界面

操作提示:

●关键字的位置可以用偏移量来表示,负数值表示向左移,正数值表示向右移。在调整时,可以通过输入正或负的数值来调整。

●关键字偏移量单位为像素。

(二)报表公式定义

(1)选定被定义单元"C4",即"现金"期初数。

(2)单击"fx"按钮,打开"定义公式"对话框。

(3)单击"函数向导"按钮,打开"函数向导"对话框。如图 3-12 所示。

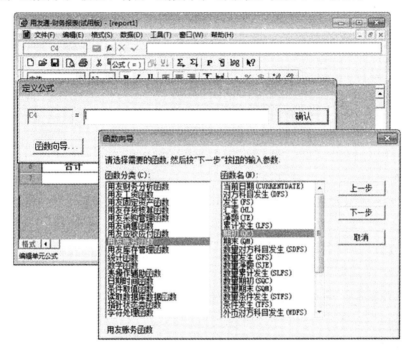

图 3-12 "函数向导"界面

(4)在函数分类列表框中选择"用友账务函数",在右边的函数名列表中选中"期初(QC)"。

(5)单击"下一步"按钮,打开"用友账务函数"对话框。

(6)单击"参照"按钮,打开"账务函数"对话框。如图 3-13 所示。

(7)设置科目为"1001",其他各项均采用系统默认值,单击"确定"按钮,返回"用友账务函数"对话框。

(8)单击"确定"按钮,返回"定义公式"对话框,单击"确认"按钮。

(9)根据任务引例资料,直接或引导输入其他单元公式。

操作提示:

●定义单元公式时可以通过引导输入公式,如上面的操作步骤;也可以直接输入公式,像现金的期初数,可以在 C4 单元中直接输入:QC("1001"、月)。注意单元公式中涉及的符号均为英文半角字符。

图 3-13　打开"财务函数"界面

●单击 *fx* 按钮或双击某公式单元或按"＝"键，都可打开"定义公式"对话框。

●如果用户对公式使用不熟练，可以采用引导输入。

【知识链接】

企业常用的财务报表数据一般来源于总账系统或报表系统本身，取自于报表的数据又可以分为从本表取数和从其他报表的表页取数。报表系统中，取数是通过函数实现的。

(三)保存报表格式

(1)执行"文件→保存"命令。如果是第一次保存，则打开"另存为"对话框。

(2)选择要保存的文件夹；输入报表文件名"货币资金表"；选择保存类型"＊.rep"。如图 3-14 所示。

(3)单击"保存"按钮。

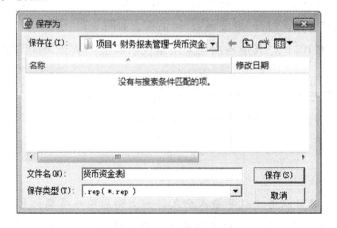

图 3-14　"保存报表格式"界面

操作提示：

●报表格式设置完以后切记要及时将这张报表格式保存下来，以便以后随时调用。

●如果没有保存就退出，系统会出现提示"是否保存报表"，以防止误操作。

●".rep"为用友报表文件专用扩展名。

(四)报表数据处理

1.输入关键字值

(1)单击报表底部左下角的"格式/数据"按钮，使当前状态为"数据"状态。

(2)执行"数据→关键字→录入"命令，打开"录入关键字"对话框。如图3-15所示。

(3)年"2015"，月"1"，日"31"。

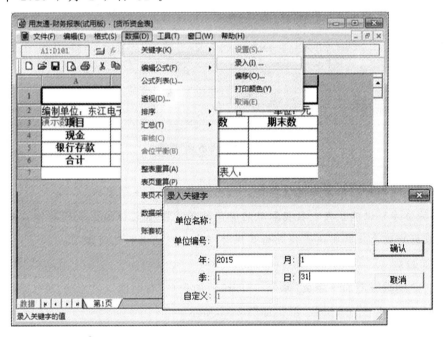

图3-15 "录入关键字"界面

(4)单击"确认"按钮，弹出"是否重算第1页?"对话框。

(5)单击"是"按钮，系统会自动根据单元公式计算1月份数据；单击"否"按钮，系统不计算1月份数据，以后可利用"表页重算"功能生成1月份数据。

(6)在D7中输入"赵丽"，单击"保存"按钮。如图3-16所示。

操作提示：

●报表数据处理必须在"数据"状态下进行。

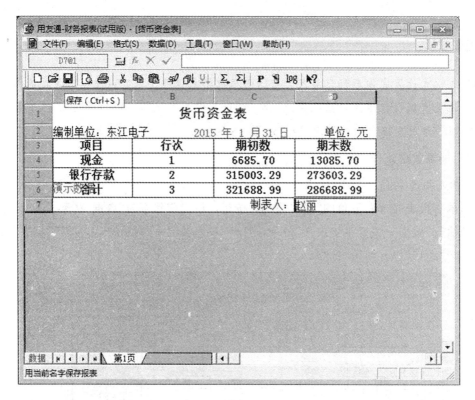

图 3-16 "表页重算"界面

●每一张表页均对应不同的关键字值，输出时随同单元一起显示。

●日期关键字可以确认报表数据取数的时间范围，即确定数据生成的具体日期。报表格式设置完以后切记要及时将这张报表格式保存下来，以便以后随时调用。

2. 增加表页

(1)执行"编辑→追加→表页"命令，打开"追加表页"对话框。

(2)输入需要增加的表页数"2"。如图 3-17 所示。

(3)单击"确认"按钮。

操作提示：

●追加表页是在最后一张表页后追加 N 张空表页，插入表页是在当前表页后面插入一张空表页。

●一张报表最多只能管理 99999 张表页，演示版最多为 4 页。

【知识链接】

报表数据处理需要在数据状态下进行。生成报表数据主要是通过报表系统的计算功能，利用前面设置的报表计算公式对报表数据进行自动的运算。

生成报表数据分成两步：一是输入关键字，二是表页重算。

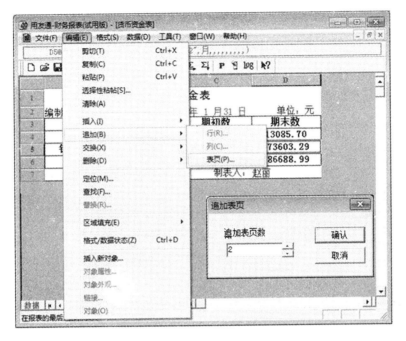

图 3-17　"追加表页"界面

报表表页，是由若干行和列组成的二维表。

报表文件，是存储数据的基本单元，用友畅捷通 T3 财务软件报表系统的报表文件是以 rep 为后缀的文件，如货币资金表.rep。

任务解析

赵丽要自定义一张货币资金表，首先通过设置报表尺寸、定义报表行高列宽、画表格线、定义组合单元、输入表头表体表尾内容、定义显示风格、定义单元属性、设置关键字等设置报表格式，然后输入关键字，完成资金货币表数据处理。最后保存报表，就完成任务了。

任务二　调用模板生成报表

任务引例

潍坊东江电子设备有限责任公司赵丽想要通过调用畅捷通 T3 软件里的报表模板，生成公司 2015 年 1 月份的资产负债表和利润表，她应该如何操作呢？

▶▶任务实施

一、调用资产负债表模板

（1）在"格式"状态下，新建一空白报表。

（2）执行"格式→报表模板"命令，打开"报表模板"对话框。

（3）选择您所在的行业"小企业"，财务报表"资产负债表"。如图 3-18 所示。

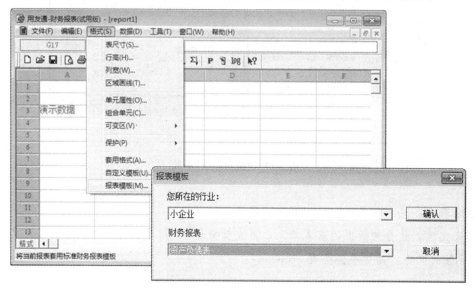

图 3-18　打开"小企业资产负债表"界面

（4）单击"确认"按钮，弹出"模板格式将覆盖本表格式！是否继续?"提示框。

（5）单击"确定"按钮，即可打开"资产负债表"模板。如图 3-19 所示。

【知识链接】

财务报表系统中一般都预置了分行业的常用会计报表格式，称为报表模板，企业可以以系统提供的报表模板为基础，实现财务报告的快速编制。

用友畅捷通 T3 财务软件报表系统提供的报表模板包含了 19 个行业的 70 多张标准财务报表。用户可以根据企业所在行业挑选相应的报表，套用其格式及计算公式。

二、利用表页重算功能生成数据

（1）在数据状态下，执行"数据→表页重算"命令，打开"表页重算"对话框。如图 3-20 所示。

（2）单击"确认"按钮，弹出"是否重算第 1 页?"提示框。

（3）单击"是"按钮，系统会自动根据单元公式计算 01 月份数据；单击"否"按钮，系统不计算 01 月份数据，以后可利用"表页重算"功能生成 01 月份数据。

图 3-19 打开"资产负债表"界面

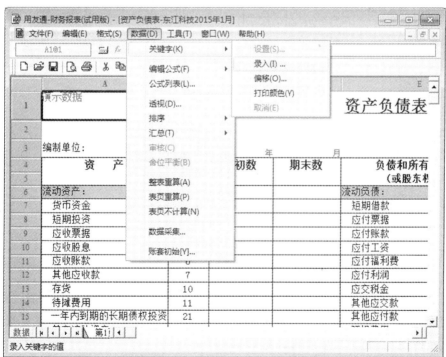

图 3-20 "表页重算"功能示意图

三、生成资产负债表数据

(1)在数据状态下，执行"数据→关键字→录入"命令，打开"录入关键字"对话框。如图3-21所示。

(2)输入关键字：年"2015"，月"01"，日"31"。

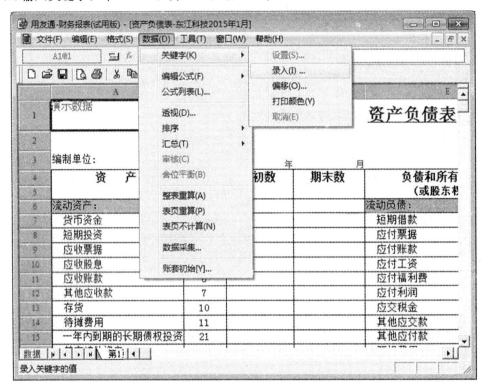

图 3-21　"资产负债表录入关键字"界面

(3)单击"确认"按钮，弹出"是否重算第1页?"提示框。

(4)单击"是"按钮，系统会自动根据单元公式计算01月份数据。如图3-22所示。

(5)单击"保存"按钮。

(6)同样的方法，调用利润表模板，生成1月份利润表。如图3-23所示。

⟹ 任务解析

赵丽要通过使用系统报表模板生成潍坊东江科技公司资产负债表和利润表，首先新建一空白报表，然后通过格式命令，调用资产负债表模板，再录入关键字，重算报表数据，生成资产负债表。同样方法生成利润表。

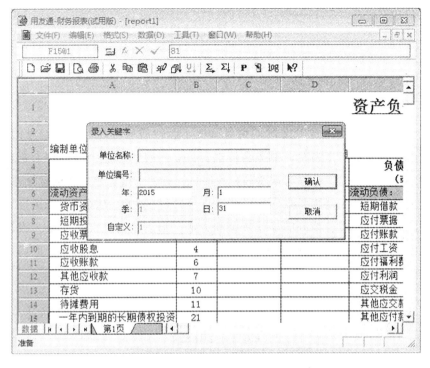

图 3-22 "生成资产负债表"界面

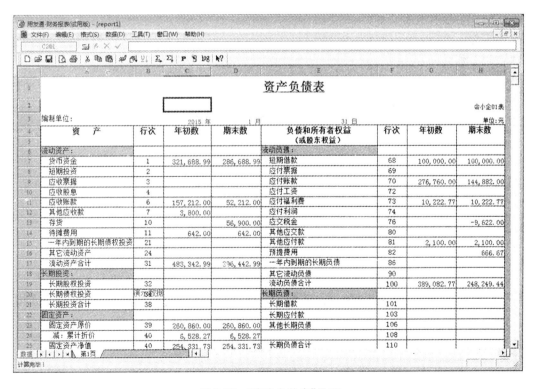

图 3-23 "资产负债表"界面

项目小结

　　财务报表是综合反映企业一定时期财务状况、经营成果和现金流量信息的书面文件，是企业经营活动的总结。作为企业财务会计报告核心内容的会计报表，它为企业内部各管理部门及外部相关部门提供了最为重要的会计信息，有利于报表使用者进行管理和决策。

　　本项目主要学习报表系统的操作，主要内容包括自定义编制报表和调用报表模板生成报表等。重点要求掌握报表编制的操作步骤和方法，难点是自定义报表公式设置，同学们应加强上机实训练习，做到理论与实践的融会贯通，熟练掌握软件操作。课后可通过课外项目练习强化训练。

项目训练

1. 自定义货币资金表

（1）报表格式。

货币资金表，见表 3-2。

表 3-2　货币资金表

编制单位：文和科技　　　　　　　　　　年　　月　　日　　　　　　　　　单位：元

项目	期初数	期末数
库存现金		
银行存款		
合计		

制表人：

说明：

表头：

　　标题"货币资金表"设置为"黑体、14 号、居中"。

　　编制单位行设置为"楷体、12 号"。

　　年、月、日设为关键字。

表体：

　　表体中文字设置为"楷体、12 号、加粗、居中"。

表尾：

　　"制表人："设置为"楷体、12 号、右对齐"。

(2)报表公式。

现金期初数：C4＝QC("1001"，月)

现金期末数：D4＝QM("1001"，月)

银行存款期初数：C5＝QC("1002"，月)

银行存款期末数：D5＝QM("1002"，月)

期初数合计：C6＝C4＋C5

期末数合计：D6＝D4＋D5

2. 资产负债表和利润表

利用报表模板生成文和科技公司 2016 年 1 月资产负债表和利润表。

完成后，输出货币资金表模板、2016 年 1 月份资产负债表和利润表进行保存。

项目四　工资管理

技能目标

● 掌握工资系统初始化的操作，能够建立工资账套、进行工资系统初始设置；

● 掌握工资系统日常业务处理的操作，能够录入工资数据，进行工资数据调整；

● 掌握工资分摊及月末处理的操作，能够进行工资分摊，进行结账；

● 掌握工资系统数据查询的操作，能够进行各类工资数据查询。

工作任务

● 建立工资账套，工资系统初始设置；

● 录入工资数据，进行工资数据调整；

● 工资分摊，结账；

● 工资数据查询。

任务一　工资管理子系统初始设置

任务引例

赵丽作为潍坊东江电子设备有限责任公司的财务经理，想要将公司的工资情况导入畅捷通 T3 财务软件，使公司每月的工资薪酬能自动核算到总账系统中。赵丽应该如何做才能实现她的要求呢？

潍坊东江电子设备有限责任公司工资设置要求如下：

(1)业务参数。工资类别个数：1个；核算币种：人民币 RMB；要求代扣个人所得税，不进行扣零处理；人员编码长度：3位；启用日期：2015年1月1日。

(2)人员档案及类别。人员档案，见表4-1。

表4-1 人员档案

职员编号	职员名称	所属部门	人员类别	银行账号
101	李斌	总经理办公室	经理人员	16360200001
102	赵丽	财务部	经理人员	16360200002
103	丁浩	财务部	管理人员	16360200003
104	李慧	财务部	管理人员	16360200004
201	王欣	销售部	经理人员	16360200005
301	陈帅	生产车间	生产人员	16360200006
401	张平	采购部	经理人员	16360200007

人员类别分为经理人员、管理人员、生产人员三类。

(3)工资项目，见表4-2。

表4-2 工资项目

项目名称	类别	长度	小数位数	工资增减项
基本工资	数字	8	2	增项
奖励工资	数字	8	2	增项
交补	数字	8	2	增项
应发合计	数字	10	2	增项
请假扣款	数字	8	2	减项
养老保险金	数字	8	2	减项
扣款合计	数字	10	2	减项
实发合计	数字	10	2	增项
代扣税	数字	10	2	减项
请假天数	数字	8	2	其他
工资总额	数字	8	2	其他

(4)工资计算公式，见表4-3。

表 4-3 工资计算公式

工资项目	定义公式
请假扣款	请假天数 * 20
养老保险金	基本工资 * 0.08
交补	Iff(人员类别＝"经理人员"，200，100)
工资总额	基本工资＋奖励工资

(5)设置银行名称。通过中国银行代发工资，单位编号：62436586。

(6)计税基数为3500。

任务实施

一、建立工资账套

(1)以账套总管"01 赵丽"的身份注册企业门户。用户名：01；密码：1；账套：[001]潍坊东江电子设备有限责任公司；会计年度：2015；操作日期：2015－1－1。如图 4-1 所示。

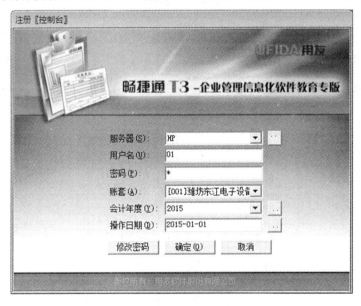

图 4-1 "注册控制台"界面

(2)单击"工资"菜单项，在建账第一步"参数设置"中，选择本账套所需处理的工资类别个数"单个"，默认币别名称为"人民币"。如图 4-2 所示。

(3)单击"下一步"按钮。

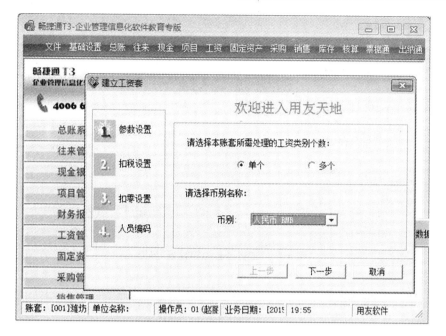

图 4-2　"建立工资账套"界面

（4）在建账第二步"扣税设置"中，选中"是否从工资中代扣个人所得税"复选框。如图 4-3 所示。

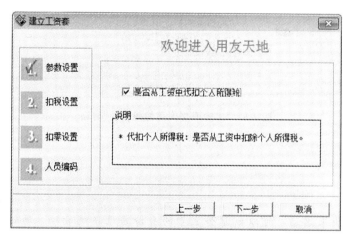

图 4-3　"工资账套参数设置"界面

（5）单击"下一步"按钮。

（6）在建账第三步"扣零设置"中，不做选择，直接单击"下一步"按钮。如图 4-4 所示。

（7）在建账第四步"人员编码"中，单击"人员编码长度"增减器的下箭头将人员编码长度设置为 3。如图 4-5 所示。

（8）单击"完成"按钮。单击"确定"按钮。

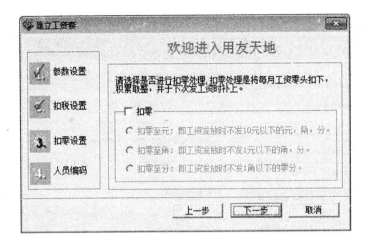

图 4-4 "工资账套扣零设置"界面

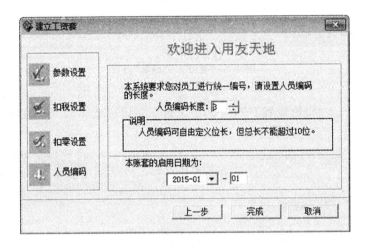

图 4-5 "工资账套人员编码设置"界面

操作提示:

●如果工资模块未启动,可以以账套主管的身份登录系统管理,通过"账套→启用"命令,选中"工资管理"复选框,启动工资模块。之后再进行建立账套的操作。

●工资类别可以是"单个",也可以是"多个"。比如,若选择多个工资类别,可设置"正式人员"和"临时人员"工资类别。不同的工资类别,工资项目是不一样的。

●选择代扣个人所得税后,系统将自动生成工资项目"代扣税",并自动进行代扣税金的计算。

●扣零处理是指每次发放工资时零头扣下,积零取整,于下次工资发放时补上,系统在计算工资时将依据扣零类型(扣零至元、扣零至角、扣零至分)进行扣零计算。用户一旦选择了"扣零处理",系统自动在固定工资项目中增加"本月扣零"和"上月扣零"两个项目,扣零的计算公式将由系统自动定义，无须设置。

●在银行代发工资的情况下，扣零处理已没有意义。

【知识链接】

工资是企业职工薪酬的重要组成部分，也是产品成本的计算内容，是企业进行各种费用计提的基础。工资核算的任务是以职工个人的工资原始数据为基础，计算应发工资、扣款和实发工资等，编制工资结算单；按部门和人员类别进行汇总，进行个人所得税计算；提供对工资相关数据的多种方式的查询和分析；进行工资费用分配和计提，并实现自动转账处理。

二、设置工资类别主管

(1)执行系统菜单"工资→设置→权限设置"命令，打开"权限设置"对话框。如图 4-6 所示。

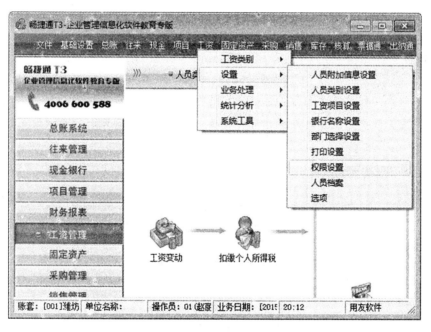

图 4-6 打开"权限设置"界面

(2)选择"丁浩"。

(3)单击"修改"按钮。

(4)单击选中"工资类别主管"选项。如图 4-7 所示。

(5)单击"保存"按钮。

(6)单击"确定"按钮。

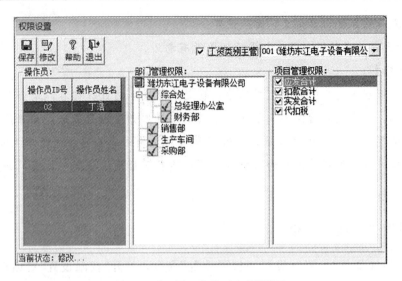

图 4-7 "设置工资类别主管"界面

操作提示：

● 操作员列表中列示的是具有工资功能权限的非账套主管的操作员。

● 通过设置工资类别主管能将操作员的权限分部门及工资项目进行明细设置。

三、设置基础信息

以工资类别主管"02 丁浩"的身份注册企业门户。用户名：02；密码：2；账套：[001] 潍坊东江电子设备有限责任公司；会计年度：2015；操作日期：2015 年 1 月 1 日。

（一）设置人员类别

（1）执行系统菜单"工资→设置→人员类别设置"命令，打开"类别设置"对话框。如图 4-8所示。

（2）在"类别"文本框中选中"无类别"，输入"经理人员"。

（3）单击"增加"按钮。

（4）同理，根据任务引例中资料输入其他人员类别。如图 4-9 所示。

操作提示：

● 输完人员类别后，将"无类别"删除。如果企业不需要对人员划分类别或某些人员无具体类别，则应该增加"无类别"项。

● 已经使用的人员类别不允许删除。人员类别仅剩一个时不允许删除。

● 人员类别名称长度不得超过 10 个汉字或 20 位字符。

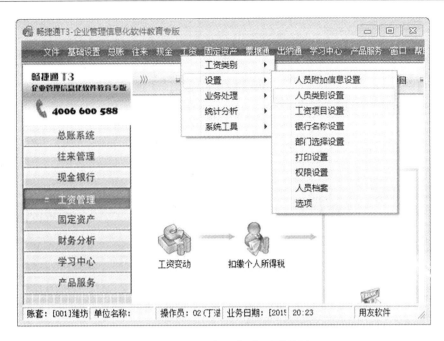

图 4-8 打开"人员类别设置"界面

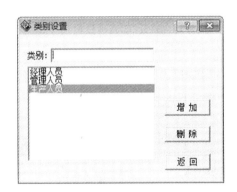

图 4-9 "类别设置"界面

(二)设置工资项目

(1)执行系统菜单"工资→设置→工资项目设置"命令,打开"工资项目设置"对话框。如图 4-10 所示。

(2)单击"增加"按钮,工资项目列表中增加一空行。

(3)单击"名称参照"下拉列表框,从下拉列表中选择"基本工资"选项。

(4)双击"类型"栏,单击下拉列表框,从下拉列表中选择"数字"选项。

(5)"长度"采用系统默认值"8"。双击"小数"栏,单击增减器的上三角按钮,将小数设为"2"。

(6)双击"增减项"栏,单击下拉列表框,从下拉列表中选择"增项"选项。

(7)同理,单击"增加"按钮,增加其他工资项目(任务引例资料表 4-2)。

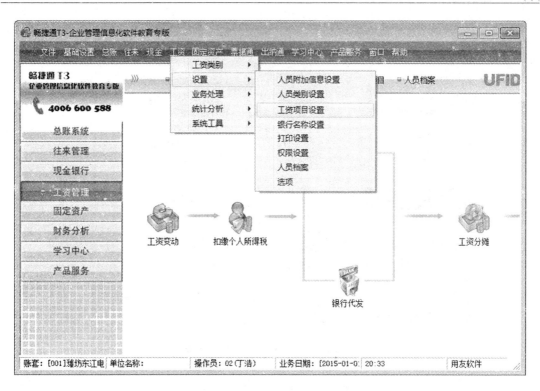

图 4-10 打开"工资项目设置"界面

(8)所有项目增加完成后，利用"工资项目设置"界面上的"▲"和"▼"箭头按照任务引例资料表 4-2 所给顺序调整工资项目的排列位置。如图 4-11 所示。

(9)单击"确认"按钮。

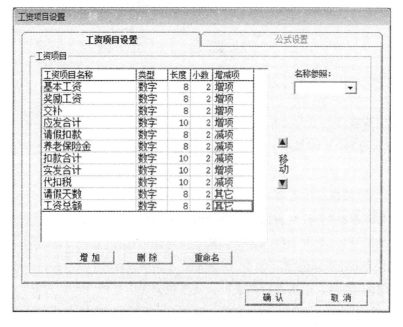

图 4-11 "工资项目设置"界面

操作提示:

●系统提供若干常用工资项目供参考，可选择输入。对于参照中未提供的工资项目，可以双击"工资项目名称"一栏直接输入，或先从"名称参照"中选择一个项目，然后单击"重命名"按钮修改为需要的项目。

●如果在建立工资账套时，选择了自动扣税功能，则系统会在工资项目中自动生成"代扣税"项目，且不能删除。

●系统有一些固定项目是工资账必不可少的项目，包括"应发合计""扣款合计""实发合计"。这些项目系统自动生成，且不能删除。

(三)设置银行名称

(1)执行系统菜单"工资→设置→银行名称设置"命令，打开"银行名称设置"对话框。如图4-12所示。

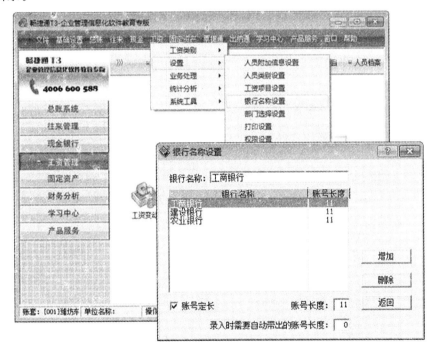

图4-12 打开"银行名称设置"界面

(2)单击"增加"按钮。

(3)在"银行名称"文本框中输入"中国银行"，默认账号定长且账号长度为"11"。如图4-13所示。

(4)单击列表中的"工商银行"。

(5)单击"删除"按钮，弹出系统提示"删除银行将相关文件及设置一并删除，是否继续?"。

（6）单击"是"按钮。同理删除其他无效银行。

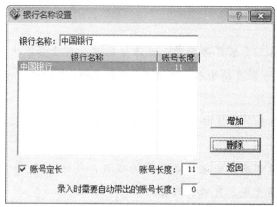

图 4-13 "银行名称设置"界面

操作提示：

●删除银行名称时，此银行有关的所有设置将一同删除，包括：银行代发文件格式的设置、磁盘输出格式的设置和与此银行有关人员的银行名称、账号等。

（四）设置人员档案

（1）执行系统菜单"工资→设置→人员档案"命令，进入"人员档案"窗口。如图 4-14 所示。

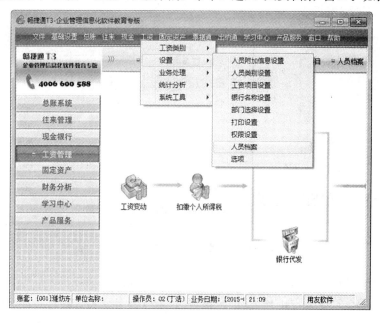

图 4-14 打开"人员档案"界面

（2）单击工具栏中的"增加"按钮，打开"人员档案"对话框。

（3）在"基本信息"选项卡中，输入或选择如下数据。

人员编号"101"；人员姓名"李斌"；部门编码"总经理办公室"；人员类别"经理人员"；银行名称"中国银行"；银行账号"16360200001"。如图 4-15 所示。

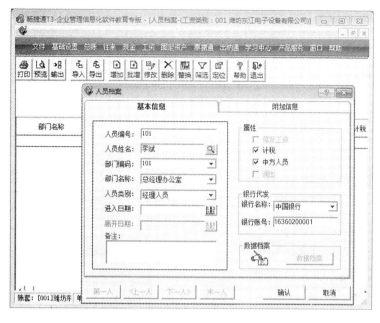

图 4-15　设置"人员档案"界面

（4）单击"确认"按钮。

（5）同理，依上述顺序输入任务引例表 4-1 中所有人员档案。如图 4-16 所示。

图 4-16　"人员档案"界面

操作提示：

● 工具栏的按钮如果没有中文说明可以右键选中"文本标示"，可使工具栏按钮出现中文。

● 人员编号与人员姓名必须一一对应。

● 只有末级部门才能设置人员。

● 可以通过批量导入按钮从职员档案中将人员档案信息导入。

(五)定义工资计算公式

(1)设置公式"请假扣款＝请假天数＊20"。

①执行系统菜单"工资→设置→工资项目设置"命令，进入"工资项目设置"窗口。

②在"工资项目设置"对话框中单击"公式设置"选项卡。如图4-17所示。

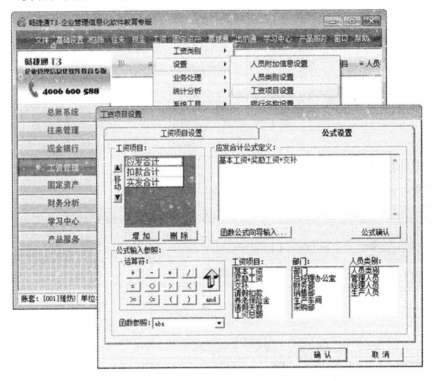

图4-17　公式设置界面

③单击"增加"按钮，在工资项目列表中增加一空行。

④单击下拉列表框选择"请假扣款"选项。

⑤单击工资项目列表中的"请假天数"，使"请假天数"出现在公式定义文本框中。

⑥在"请假天数"后输入"＊20"。

⑦单击"公式确认"按钮。如图4-18所示。

⑧同理，设置"养老保险金＝基本工资＊0.08"公式。

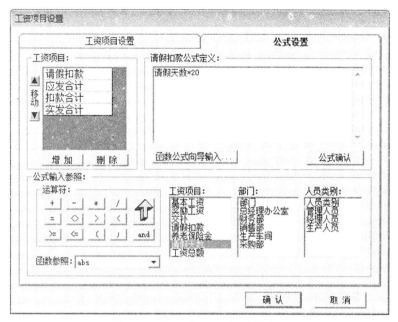

图 4-18　"请假扣款公式设置"界面

（2）设置公式：交补＝iff(人员类别＝"经理人员"，200，100)。

①在"工资项目设置"对话框中的"公式设置"选项卡下，单击"增加"按钮，在工资项目列表中增加一空行。

②单击下拉列表框选择"交补"选项。

③在"公式定义"文本框中直接输入公式：iff(人员类别＝"经理人员"，200，100)。如图 4-19 所示。

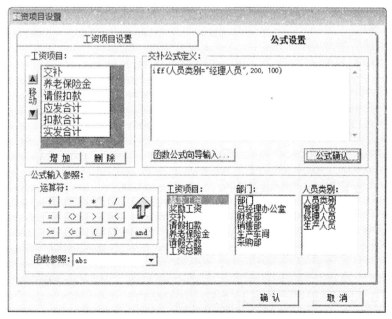

图 4-19　"交补公式设置"界面

④单击"公式确认"按钮。

操作提示：

- 公式中的标点符号均为英文方式。
- 本公式可以直接输入，也可以采用"函数公式向导输入"方式来输入。

【知识链接】

设置计算公式就是定义某些工资项目的计算公式及工资项目之间的运算关系。例如请假扣款＝请假天数＊20，说明请假扣款的金额就等于20元乘以请假天数。运用公式可以直观表达工资项目的实际运算过程，灵活地进行工资计算的处理。

定义公式可以通过选择工资项目、运算符、关系符、函数等组合完成。

系统固定的工资项目，如"应发合计""实发合计"等的计算公式，系统根据工资项目设置的"增减项"自动给出，用户在此只能增加、修改、删除其他工资项目的计算公式。

定义工资项目计算公式要符合逻辑。系统将对公式进行合法性检查，对不符合逻辑的公式，系统将给出错误提示。

定义公式时要注意操作的先后顺序，先得到的数据应先设置公式。

(六)设置所得税纳税基数

(1)执行系统菜单"工资→业务处理→扣缴所得税"命令，弹出系统提示。如图4-20所示。

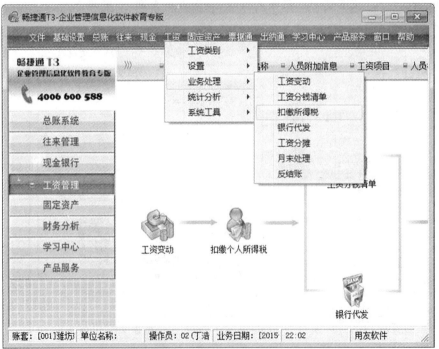

图4-20 打开"扣缴所得税"界面

（2）单击"确定"按钮，打开"栏目选择"对话框。如图 4-21 所示。

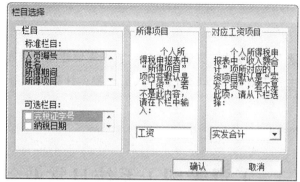

图 4-21　"栏目选择"界面

（3）默认各项设置，单击"确认"按钮，进入"个人所得税扣缴申报表"窗口。

（4）单击工具栏中的"税率"按钮。

（5）修改所得税纳税基数为"3500"。如图 4-22 所示。

图 4-22　"纳税基数设置"界面

（6）单击"确认"按钮，弹出系统提示。

（7）单击"否"退出。

（8）在"个人所得税扣缴申报表"窗口中，单击工具栏中的"退出"按钮。

操作提示：

●如果计算公式中的级次和速算扣除数与现行税法规定不符需要进行删除，然后重新填列。

【知识链接】

工资管理系统提供个人所得税的自动计算功能。只需要自定义所得税的税率，系统就能自动计算个人所得税。

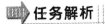**任务解析**

赵丽要使用畅捷通 T3 软件的工资管理功能，首先需要建立工资账套，设置工资类别主管，然后由工资类别主管丁浩设置基础信息、人员档案、计算公式等内容，之后才能进行工资管理的日常操作。

任务二　工资管理子系统日常业务处理

任务引例

赵丽指示工资类别主管丁浩将公司 2015 年 1 月的工资数据输入工资管理子系统，丁浩应该如何进行操作呢？

潍坊东江电子设备有限责任公司 2015 年 1 月工资数据如下：

(1)2015 年 1 月人员工资基本情况，见表 4-4。

表 4-4　1 月份工资基本情况

姓名	基本工资	奖励工资
李斌	7000	600
赵丽	6000	500
丁浩	5000	400
李慧	3600	320
王欣	4800	320
陈帅	4600	460
张平	4200	500

(2)2015 年 1 月工资变动情况。

①考勤情况：陈帅请假 2 天；丁浩请假 1 天。

②因去年公司销售情况良好，销售部每人增加奖励工资 200 元。

任务实施

以工资类别主管"02 丁浩"的身份注册企业门户。用户名：02；密码：2；账套：[001]

潍坊东江电子设备有限责任公司；会计年度：2015；操作日期：2015 年 1 月 31 日。

一、输入基本工资数据

(1)单击"工资→业务处理→工资变动"命令，进入"工资变动"窗口。如图 4-23 所示。

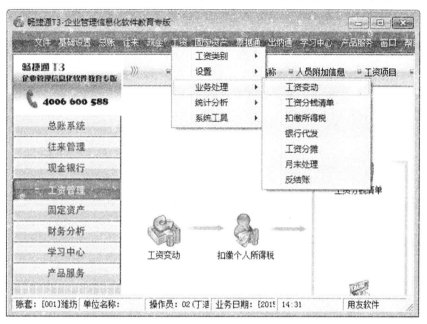

图 4-23　打开"工资变动"界面

(2)根据任务引例资料输入基本工资数据。如图 4-24 所示。

人员编号	姓名	部门	人员类别	基本工资	奖励工资	交补	应发合计	请假扣款	养老保险金	扣款合计	实发合计	代扣税	请假天数	工资总额
101	李斌	总经理办公室	经理人员	7,000.00	600.00									
102	赵丽	财务部	经理人员	6,000.00	500.00									
103	丁洁	财务部	管理人员	5,000.00	400.00									
104	李慧	财务部	管理人员	3,600.00	320.00									
201	王欣	销售部	经理人员	4,800.00	320.00									
301	陈帅	生产车间	生产人员	4,600.00	460.00									
401	张平	采购部	经理人员	4,200.00	500.00									

图 4-24　"基本工资数据"界面

(3)单击"退出"按钮。弹出"是否进行工资计算和汇总"信息提示框。

(4)单击"否"按钮。

操作提示：

●这里只需输入没有进行公式设定的项目，如基本工资、奖励工资和请假天数，其余各项由系统根据计算公式自动计算生成。

【知识链接】

在工资系统日常业务处理开始之前，将所有人员的每月相对不发生变化的工资项目数据或变化较小工资项目数据录入计算机，作为工资计算的基础数据。

二、输入工资变动数据

（一）输入考勤数据

（1）单击"工资→业务处理→工资变动"命令，进入"工资变动"窗口。

（2）输入考勤情况：陈帅请假 2 天；丁浩请假 1 天。

（3）单击"退出"按钮。弹出信息提示框。

（4）单击"是"按钮。

（二）输入增加奖励工资

（1）单击"工资→业务处理→工资变动"命令，进入"工资变动"窗口。

（2）单击工具栏中的"数据替换"按钮。

（3）单击"将工资项目"下拉列表框，选择"奖励工资"选项。

（4）在"替换成"文本框中，输入"奖励工资＋200"。

（5）在替换条件处分别选择："部门""＝""销售部"。如图 4-25 所示。

（6）单击"确认"按钮，弹出系统提示"数据替换后将不可恢复。是否继续？"。

（7）单击"是"按钮，系统提示："1 条记录被替换，是否重新计算？"。

（8）单击"是"按钮，系统自动完成工资计算。

（三）数据计算与汇总

（1）在"工资变动"窗口中，单击工具栏中的"重新计算"按钮，计算工资数据。

（2）单击工具栏中的"汇总"按钮，汇总工资数据。如图 4-26 所示。

（3）单击工具栏中的"退出"按钮，退出"工资变动"窗口。

【知识链接】

变动工资数据是指考勤数据、产量工时、水电费、房租、病事假扣款等每月发生变化的工资数据。

工资计算是根据用户输入的职工工资数据和定义的计算公式，使用工资计算功能，会计核算软件能自动完成工资计算，包括应发工资、扣款合计、实发工资等数据。

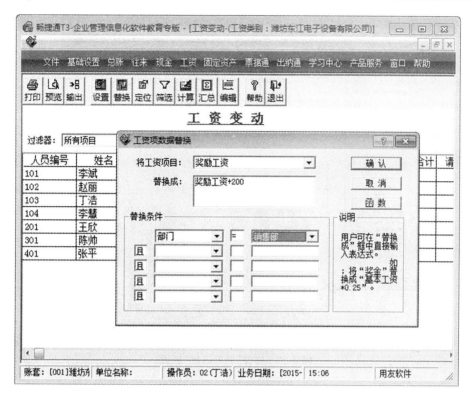

图 4-25　"奖励工资设置"界面

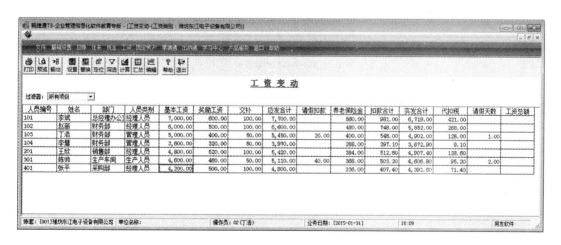

图 4-26　"数据计算与汇总"界面

三、查看个人所得税

(1)执行"工资→业务处理→扣缴所得税"命令,打开"栏目选择"对话框。如表 4-27
所示。

(2)单击"确认"按钮,弹出"是否数据重算"。

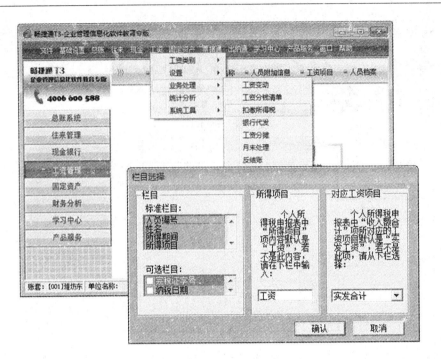

图 4-27 打开"栏目选择"界面

(3)单击"是"按钮，进入"个人所得税扣缴申报表"窗口。如表 4-28 所示。

个人所得税扣缴申报表

2015年1月

总人数：7

人员编号	姓名	所得期间	所得项目	收入额合计	减费用额	应纳税所得额	税率(%)	速算扣除数	扣缴所得税额
101	李斌	1	工资	7,140.00	3,500.00	3,640.00	15.00	125.00	421.00
102	赵丽	1	工资	6,120.00	3,500.00	2,620.00	15.00	125.00	268.00
103	丁浩	1	工资	5,030.00	3,500.00	1,530.00	10.00	25.00	128.00
104	李慧	1	工资	3,682.00	3,500.00	182.00	5.00	0.00	9.10
201	王欣	1	工资	5,036.00	3,500.00	1,536.00	10.00	25.00	128.60
301	陈帅	1	工资	4,702.00	3,500.00	1,202.00	10.00	25.00	95.20
401	张平	1	工资	4,464.00	3,500.00	964.00	10.00	25.00	71.40
	合计	1	工资	36,174.00	24,500.00	11,674.00			1,121.30

图 4-28 "个人所得税扣缴申报"界面

任务解析

工资类别主管丁浩要录入公司本月的工资数据，首先录入不变的基本工资数据，例如基本工资、奖励工资等；然后录入本月工资的变动数据，例如请假天数、奖励情况等；最后进行数据的计算和汇总，系统将自动生成本月工资数据。

任务三　工资管理子系统期末处理

任务引例

月末的时候，赵丽希望能够将公司所有员工的工资费用分别计入相对应的科目，并生成凭证，那么丁浩应该如何进行操作呢？同时，工资管理子系统期末是否还需要进行其他操作？

潍坊东江电子设备有限责任公司工资费用分配的转账分录设置要求，见表 4-5。

表 4-5　工资分摊要求

工　资　分　摊			工资总额	
			科目编码	
部　门			借方	贷方
综合处	总经理办公室	经理人员	550201	2151
	财务部	经理人员	550201	2151
		管理人员	550201	2151
	销售部	经理人员	550201	2151
	采购部	经理人员	550201	2151
	生产车间	生产人员	410102	2151

任务实施

以工资类别主管"02 丁浩"的身份注册企业门户。用户名：02；密码：2；账套：[001]潍坊东江电子设备有限责任公司；会计年度：2015；操作日期：2015 年 1 月 31 日。

一、工资费用分摊

(一)设置工资分摊类型

(1)执行"工资→业务处理→工资分摊"命令，打开"工资分摊"对话框。如图 4-29 所示。

(2)单击"工资分摊设置"按钮，打开"分摊类型设置"对话框。

(3)单击"增加"按钮，打开"分摊计提比例设置"对话框。

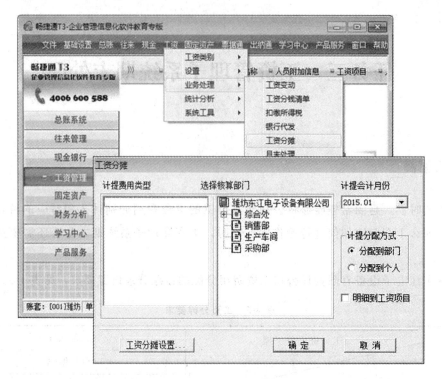

图 4-29　"工资分摊"界面

（4）输入计提类型名称"应付工资"，分摊计提比例"100％"。如图 4-30 所示。

图 4-30　"分摊计提比例设置"界面

（5）单击"下一步"按钮，打开"分摊构成设置"对话框。

（6）根据任务引例资料选择输入"部门名称""人员类别""项目""借贷方金额"等数据。如图 4-31 所示。

（7）单击"完成"按钮。

图 4-31　"分摊构成设置"界面

操作提示:

● 仔细核对所有部门和人员,防止遗漏。

● 输入完成后,上一行内容不能再修改。如果需要修改,需要将该行删除,然后重新输入。

【知识链接】

工资费用是生产成本中人工费最主要的部分。

工资费用分摊是对工资费用进行工资总额的计提计算、分配及各种经费的计提,并编制转账会计凭证,传递到总账系统中。

(二)分摊工资费用

(1)在"工资分摊"对话框中,选择计提费用类型"应付工资"。

(2)单击选择所有的核算部门。

(3)单击选择"明细到工资项目"。如图 4-32 所示。

(4)单击"确定"按钮。

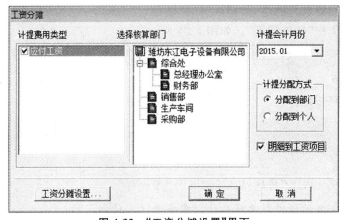

图 4-32　"工资分摊设置"界面

操作提示：

●要选择明细到工资项目，否则制单时没有科目。

(三)生成凭证

(1)在"应付工资一览表"中，单击选择"合并科目相同、辅助项相同的分录"。如图 4-33 所示。

图 4-33 "应付工资一览表"界面

(2)单击"制单"按钮，进入"填制凭证"窗口。

(3)选择凭证类型"转账凭证"。如图 4-34 所示。

(4)双击辅助核算区域，弹出"辅助项"对话框，项目名称输入"A 设备"。单击"确认"按钮。如图 4-35 所示。

(5)单击"保存"按钮。

操作提示：

●"生产成本/直接人工"的辅助核算项目为"A 设备"。

●生成的凭证在自动传递到总账系统，需要进行审核和记账。

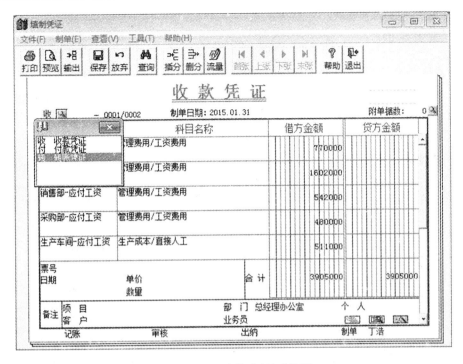

图4-34 "生成转账凭证"界面

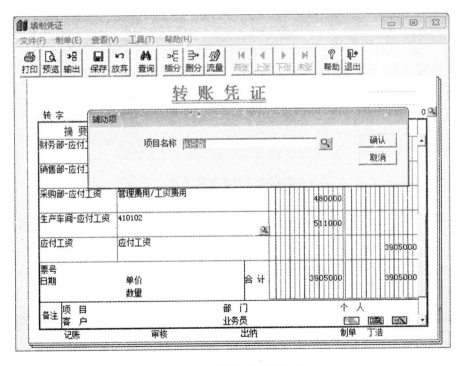

图4-35 "辅助项设置"界面

二、账表查询

执行系统菜单"工资→业务处理→工资分钱清单"命令，查看工资分钱清单。

执行系统菜单"工资→业务处理→扣缴所得税"命令，查看个人所得税扣缴申报表。

执行系统菜单"工资→统计分析→账表→工资表"命令，查看各种工资表。

三、月末处理

(1)执行系统菜单"工资→业务处理→月末处理"命令，打开"月末处理"对话框。如图 4-36 所示。

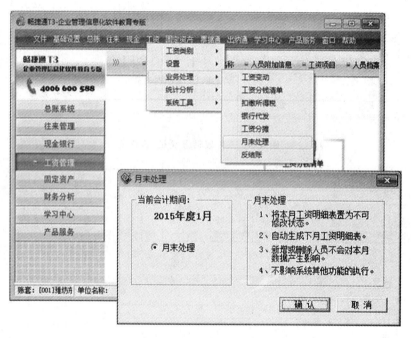

图 4-36 "月末处理"界面

(2)单击"确认"按钮，弹出系统提示："月末处理之后，本月工资将不许变动，继续月末处理吗？"。

(3)单击"是"按钮。系统继续提示："是否选择清零项？"。

(4)单击"是"按钮，打开"选择清零项目"对话框。

(5)在"请选择清零项目"列表中，单击鼠标选择"请假天数""请假扣款"和"奖励工资"，单击"☑"，将所选项目移动到右侧的列表框中。如图 4-37 所示。

(6)单击"确认"按钮，弹出系统提示："月末处理完毕！"。

(7)单击"确定"按钮返回。

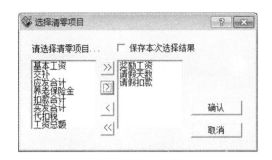

图 4-37　"选择清零项目"界面

操作提示：

● 月末处理之前，要保证本月工资数据变动完毕。

● 月末处理之后，则本月数据不能再进行修改。如果确实需要进行修改，可在下月通过反结账功能取消结账，再修改。

任务解析

工资类别主管丁浩要将公司员工工资费用分别计入相对应的科目，并生成凭证，需要首先设置工资分摊类型，然后分摊工资费用，最后生成凭证。凭证生成之后还需要进入总账系统对生成的凭证进行审核和记账。除此之外，月末，丁浩还需要对工资管理子系统进行月末处理。月末处理完成后本月工资管理子系统数据将不得进行修改。

项目小结

工资是企业职工薪酬的重要组成部分，也是产品成本的计算内容。工资核算的任务是以职工个人的工资原始数据为基础，计算应发工资、扣款和实发工资等，编制工资结算单；按部门和人员类别进行汇总，进行个人所得税计算；提供对工资相关数据的多种方式的查询和分析；进行工资费用分配与计提，并实现自动转账处理。

本项目主要学习工资子系统的操作，主要内容包括建立工资账套、工资系统初始设置、录入工资数据、进行工资数据调整、工资分摊、结账等。重点要求掌握工资系统初始设置和日常处理的操作步骤和方法，难点是工资项目公式设置以及工资分摊处理，同学们应加强上机实训练习，做到理论与实践的融会贯通，熟练掌握软件操作。课后可通过课外项目练习强化训练。

项目训练

导入项目三项目训练的账套数据。

进行山东文和科技有限责任公司工资管理子系统的初始设置，并完成公司 2016 年 1 月的工资数据处理。

1. 建立工资账套

工资类别个数：单个；核算币种：人民币 RMB；要求代扣个人所得税；不进行扣零处理，人员编码长度：3 位。

2. 基础信息设置

(1)人员类别设置。

经理人员、管理人员、开发人员。

(2)工资项目设置，见表 4-6。

表 4-6　工资项目设置表

项目名称	类型	长度	小数位数	增减项
基本工资	数字	8	2	增项
奖励工资	数字	8	2	增项
交通补助	数字	8	2	增项
应发合计	数字	10	2	增项
请假扣款	数字	8	2	减项
养老保险	数字	8	2	减项
代扣税	数字	10	2	减项
扣款合计	数字	10	2	减项
实发合计	数字	10	2	增项
请假天数	数字	8	2	其他

(3)银行名称。

工商银行海淀分理处；账号定长为 11。

(4)人员档案，见表 4-7。

注：以上所有人员的代发银行均为工商银行海淀分理处。

表 4-7 员工档案

人员编号	人员姓名	部门名称	人员类别	账号	中方人员	是否计税
101	刘文	经理办公室	经理人员	20080090001	是	是
102	李宁	财务部	经理人员	20080090002	是	是
103	王芳	财务部	管理人员	20080090003	是	是
104	周强	财务部	管理人员	20080090004	是	是
201	赵红	市场一部	经理人员	20080090005	是	是
202	宋瑞	市场二部	经理人员	20080090006	是	是
203	孙明	市场三部	经理人员	20080090007	是	是
301	张伟	供应部	经理人员	20080090008	是	是
401	马慧	研发中心	经理人员	20080090009	是	是
402	王佳	研发中心	开发人员	20080090010	是	是
403	李刚	生产部	经理人员	20080090011	是	是

(5)计算公式,见表 4-8。

表 4-8 工资公式定义

工资项目	定义公式
请假扣款	请假天数 * 50
养老保险	(基本工资+奖励工资)* 0.05
交通补助	iff(人员类别="经理人员",100,50)

说明:交通补助工资项的含义是:如果人员类别是"经理人员"则交通补助为 100 元,否则为 50 元。

3. 工资数据

(1)1 月人员工资基本情况,见表 4-9。

表 4-9 人员工资基本情况

姓 名	基本工资	奖励工资
刘文	5000	500
李宁	3000	300
王芳	2000	200
周强	2500	200
赵红	3000	300
宋瑞	3600	360

续表

姓　名	基本工资	奖励工资
孙明	4500	450
张伟	3800	380
马慧	4500	450
王佳	3500	350
李刚	3000	300

(2)1月份工资变动情况。

①考勤情况：张伟请假3天；赵红请假2天。

②因去年市场一部推广产品业绩较好，每人增加奖励工资400元。

4. 代扣个人所得税

计税基数3500。

5. 工资分摊

应付工资和应付福利费的计提基数以工资表中的"应付工资"为准。

工资费用分配的转账分录设置，见表4-10。

表4-10　工资分摊设置要求

工资分摊		工资总额(100%)	
部门		借方	贷方
经理办公室、财务部、供应部	经理人员	550201	2211
财务部	管理人员	550201	2211
市场一部、市场二部、市场三部	经理人员	5501	2211
研发中心、生产部	经理人员	550201	2211
研发中心	开发人员	550201	2211

完成后，输出账套。

将备份的账套妥善保管，后续课外项目练习需在此账套内完成。

项目五　固定资产管理

技能目标

●掌握固定资产系统初始化的操作，能够设置固定资产控制参数、资产类别等；

●掌握固定资产系统日常业务处理的操作，能够增加资产、减少资产、变动资产；

●掌握固定资产系统月末处理的操作，能够进行资产折旧处理、进行固定资产系统与总账系统对账等。

工作任务

●设置固定资产系统控制参数、资产类别、原始卡片等，进行初始化设置；

●增加固定资产、减少固定资产、变动固定资产，计提折旧；

●固定资产系统与总账系统对账，并进行结账。

任务一　固定资产管理子系统初始设置

任务引例

赵丽作为潍坊东江电子设备有限责任公司的财务经理，想要将公司的固定资产情况导入畅捷通 T3 财务软件，更好地管理公司的固定资产。赵丽通知丁浩完成这项工作，丁浩需要怎样做呢？

潍坊东江电子设备有限责任公司固定资产设置要求如下：

（1）业务控制参数。按平均年限法（一）计提折旧，折旧分配周期为 1 个月，类别编码方式为 2112；固定资产编码方式：按"类别编码＋部门编码＋序号"自动编码，卡片序号长度为：3；已注销的卡片 5 年后删除；当(月初已计提月份＝可使用月份－1)时，要求将剩余折旧全部提足。

要求与总账系统进行对账，固定资产对账科目：1501，固定资产；累计折旧对账科目：1502，累计折旧；在对账不平情况下不允许月末结账；业务发生后不需要立即制单，月末结账前一定要完成制单登账业务；固定资产默认入账科目：1501；累计折旧默认入账科目：1502。

业务发生后立即制单；月末结账前一定要完成制单登账业务；固定资产缺省入账科目：1501，累计折旧缺省入账科目：1502。

(2)资产类别，见表 5-1。

表 5-1　资产类别

编码	类别名称	单位	计提属性
01	交通运输设备		正常计提
011	经营用设备		正常计提
012	非经营用设备		正常计提
02	电子设备及其他通信设备		正常计提
021	经营用设备	台	正常计提
022	非经营用设备	台	正常计提

(3)部门及对应折旧科目，见表 5-2。

表 5-2　部门及对应折旧科目

部门	对应折旧科目
1. 综合处	管理费用 550206
2. 销售部	营业费用 5501
3. 生产部	制造费用 4105
4. 采购部	营业费用 5501

(4)增减方式设置，见表 5-3。

表 5-3　增减方式的对应入账科目

增减方式	对应入账科目
增加方式	
直接购入	工行存款(100201)
减少方式	
直接出售	固定资产清理(1701)

(5)原始卡片，见表5-4。

表5-4　原始卡片

固定资产名称	类别编号	所属部门	增加方式	可使用年限	开始使用日期	原值	累计折旧	对应折旧科目
轿车	012	总经理办公室	直接购入	6	2013.10.1	215470.00	5745.87	550206
笔记本电脑	022	销售部	直接购入	5	2014.11.1	28900.00	462.40	5501
传真机	022	采购部	直接购入	5	2014.10.1	3510.00	112.32	5501
微机	021	生产车间	直接购入	5	2014.11.1	12980.00	207.68	4105

注：净残值率均为4％；使用状态均为"在用"；折旧方法均采用平均年限法(一)。

任务实施

一、固定资产管理系统账套初始化

(一)注册登录固定资产管理系统

(1)以"02丁浩"的身份注册企业门户。用户名：02；密码：2；账套：[001]潍坊东江电子设备有限责任公司；会计年度：2015；操作日期：2015年1月1日。

(2)单击"固定资产"菜单项，弹出"这是第一次打开此账套，还未进行过初始化，是否进行初始化?"信息提示框。如图5-1所示。

(3)单击"是"按钮，打开"固定资产初始化向导"对话框。

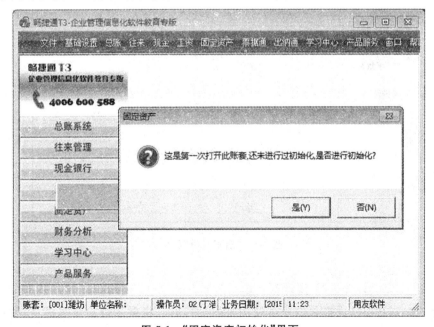

图5-1　"固定资产初始化"界面

(二)初始设置

(1)在"固定资产初始化向导——约定及说明"对话框中，单击选择"我同意"，单击"下一步"按钮，打开"固定资产初始化向导——启用月份"对话框。如图 5-2 所示。

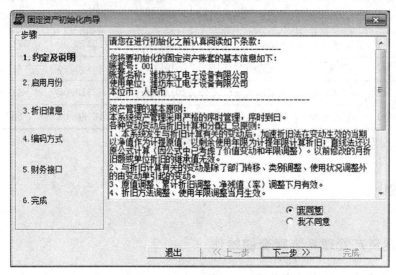

图 5-2 "约定及说明"界面

(2)默认启用日期 2015 年 1 月，单击"下一步"按钮，打开"固定资产初始化向导——折旧信息"对话框。如图 5-3 所示。

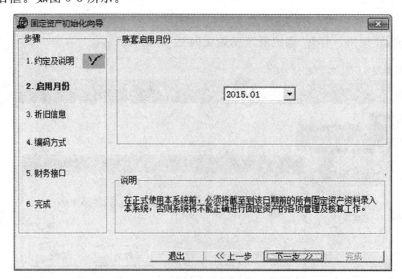

图 5-3 "启用月份"界面

(3)选中"本账套计提折旧"复选框；选择折旧方法"平均年限法(一)"，折旧分配周期"1个月"；选中"当(月初已计提月份＝可使用月份－1)时，将剩余折旧全部提足"复选框。如图 5-4 所示。

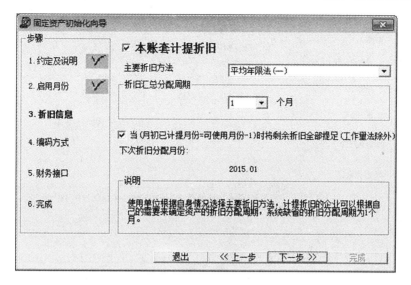

图 5-4　"折旧信息"界面

（4）单击"下一步"按钮，打开"固定资产初始化向导——编码方式"对话框。

（5）确定资产类别编码长度"2112"；单击"自动编码"单选按钮，选择固定资产编码方式
"类别编号＋部门编号＋序号"，选择序号长度"3"。如图 5-5 所示。

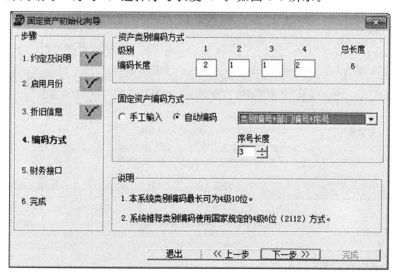

图 5-5　"编码方式"界面

（6）单击"下一步"按钮，打开"固定资产初始化向导——财务接口"对话框。

（7）选中"与账务系统进行对账"复选框；选择固定资产对账科目"1501 固定资产"，累计
折旧对账科目"1502 累计折旧"。如图 5-6 所示。

（8）单击"下一步"按钮，打开"固定资产初始化向导——完成"对话框。如图 5-7 所示。

（9）单击"完成"按钮，完成本账套的初始化，弹出"是否确定所设置的信息完全正确并

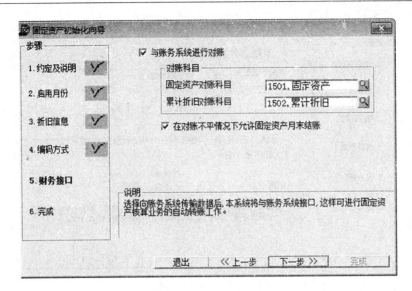

图 5-6 "财务接口"界面

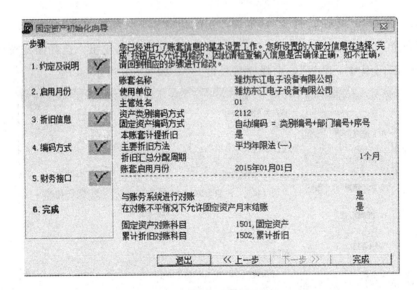

图 5-7 "初始化完成"界面

保存对新账套的所有设置"提示框。

(10)单击"是"按钮，弹出"已成功初始化本固定资产账套"提示框。

(11)单击"确定"按钮。

(三)补充参数设置

(1)执行系统菜单"固定资产→设置→选项"命令，进入"选项"窗口。如图 5-8 所示。

(2)选择"与账务系统接口"选项卡。如图 5-9 所示。

(3)选中"业务发生后立即制单""月末结账前一定要完成制单登账业务"复选框；选择缺省入账科目为"1501 固定资产""1502 累计折旧"。

（4）单击"确定"按钮。

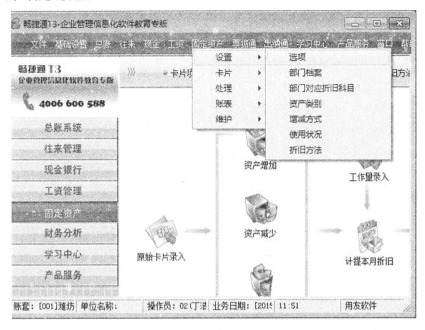

图 5-8　"打开初始设置"界面

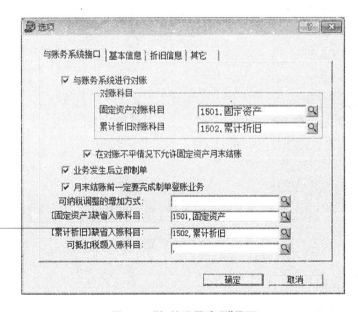

图 5-9　"初始设置选项"界面

 操作提示：

●初始化设置完成后，有些参数不能修改，所以要慎重。

●如果发现参数有错，必须改正，只能通过固定资产系统菜单"维护→重新初始化账套功能"命令实现，该操作将清空你对该子账套所做的一切工作。

【知识链接】

固定资产是企业正常生产经营的必要条件，正确管理和核算企业的固定资产，对于保护企业资产完整、保证企业再生产资金来源具有重要意义。

固定资产核算模块可以帮助企业进行固定资产日常业务的核算和管理，生成固定资产卡片，按月反映固定资产的增加、减少、原值变化及其他变动并输出相应的增减变动明细账，按月自动计提折旧，生成折旧分配凭证，同时输出相关的报表和账簿。

二、设置资产类别

(1)执行系统菜单"固定资产→设置→资产类别"，进入"类别编码表"窗口。如图 5-10 所示。

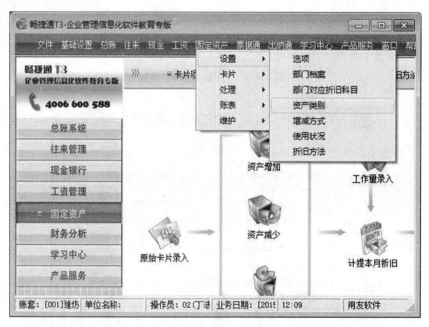

图 5-10　打开"资产类别"界面

(2)单击"单张视图"选项卡。

(3)单击"增加"按钮。

(4)输入类别名称"交通运输设备"；选择计提属性"正常计提"，折旧方法"平均年限法(一)"，卡片样式"通用样式"。如图 5-11 所示。

(5)单击"保存"按钮。

(6)同理，根据任务引例表 5-1 完成其他资产类别的设置。

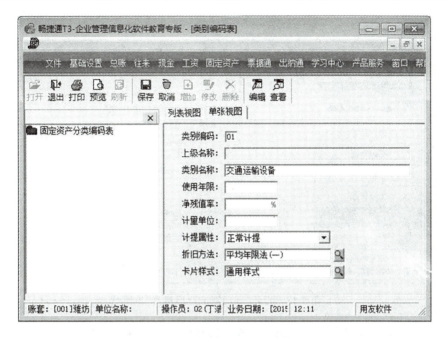

图5-11　"增加资产类别"界面

操作提示：

●资产类别编码不能重复，同一级的类别名称不能相同。

●类别编码、名称、计提属性、卡片样式不能为空。

●已使用过的类别不能设置新下级。

【知识链接】

固定资产的种类繁多，规格不一。要强化固定资产管理，及时做好固定资产核算，必须科学地建立固定资产的分类，为核算和统计管理提供依据。企业可根据自身的特点和管理要求，确定一个较为合理的资产分类方法。

三、设置部门对应折旧科目

(1)执行系统菜单"固定资产→设置→部门对应折旧科目"，进入"部门编码表"窗口。如图5-12所示。

(2)选择部门"综合处"。

(3)单击"修改"按钮。

(4)选择或输入折旧科目"550206 管理费用/折旧费"。如图5-13所示。

(5)单击"保存"按钮。

(6)同理，根据任务引例表5-2完成其他部门折旧科目的设置。

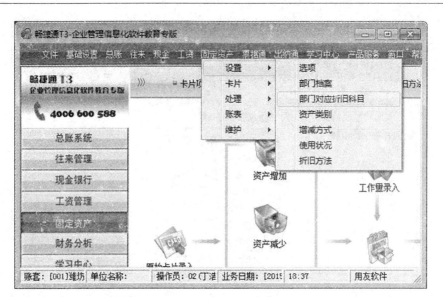

图 5-12　打开"部门对应折旧科目"界面

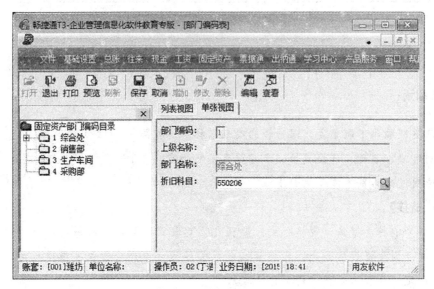

图 5-13　"部门编码表"界面

【知识链接】

　　资产计提折旧后，必须把折旧归入成本或费用，根据资产使用者的情况，有按照部门归集的，也有按类别归集的。

　　按部门归集折旧费用时，一般情况下，某一部门内的固定资产的折旧费用将归集到一个比较固定的科目，所以设置部门折旧科目就是给部门固定资产的折旧选择一个科目。

四、设置增减方式的对应科目

（1）执行系统菜单"固定资产→设置→增减方式"命令，进入增减方式窗口。如图 5-14 所示。

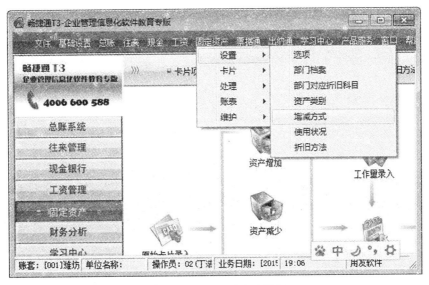

图 5-14　打开"增减方式"界面

(2)在左边列表框中，单击增加方式"直接购入"。

(3)单击"修改"按钮。

(4)输入对应入账科目"100201 工行存款"。如图 5-15 所示。

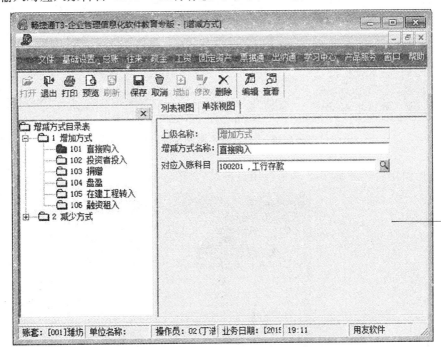

图 5-15　"增减方式"界面

(5)单击"保存"按钮。

(6)同理，输入减少方式"直接出售"的对应入账科目"1701 固定资产清理"。

【知识链接】

固定资产增减方式包括增加方式和减少方式。资产增加或减少方式用以确定资产计价和处理原则，当固定资产发生增减变动时，系统生成凭证时会默认采用这些科目。

五、原始卡片录入

(1)执行系统菜单"固定资产→卡片→录入原始卡片"命令，进入"资产类别参照"窗口。如图 5-16 所示。

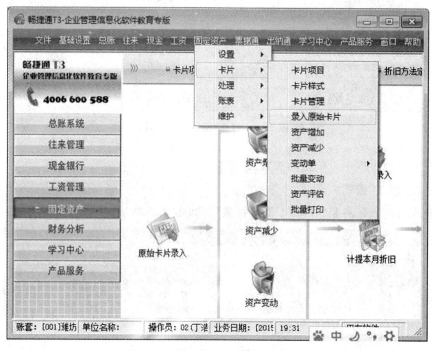

图 5-16　"打开录入原始卡片"界面

(2)选择固定资产类别"012 非经营用设备"。如图 5-17 所示。

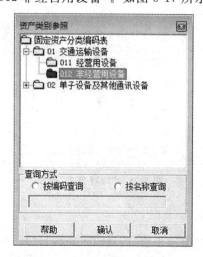

图 5-17　"资产类别参照"界面

（3）单击"确认"按钮，进入"固定资产卡片"窗口。

（4）输入固定资产名称"轿车"；双击部门名称选择"总经理办公室"，双击增加方式选择"直接购入"，双击使用状况选择"在用"；输入开始使用日期"2013－10－01"；输入原值"215470"，累计折旧"5745.87"；输入可使用年限"6年"；净残值率"4%"；其他信息自动算出。如图 5-18 所示。

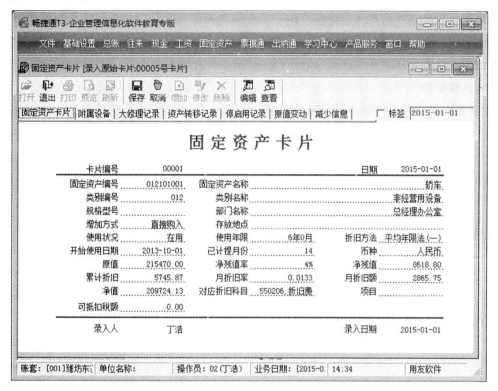

图 5-18 "固定资产卡片"界面

（5）单击"保存"按钮，弹出"数据成功保存"信息提示框。

（6）单击"确定"按钮。

（7）同理，根据任务引例表 5-4 完成其他固定资产卡片的输入。

操作提示：

●卡片编号是系统根据初始化时定义的编码方案自动设定的，不能修改。如果要删除一张固定资产卡片，且又不是最后一张时，系统将保留空号。

●已计提月份是系统根据开始使用日期自动算出，但可以修改，所以录入时需要将使用期间停用等不计提折旧的月份扣除。

●月折旧率、月折旧额是与计算折旧有关的项目录入后，系统会按照输入的内容自动算出并显示在相应项目内，可与手工计算的值进行核对，检查是否有错误。

●在进入"固定资产卡片录入"窗口后，若单击"取消"按钮，则表示不增加固定资产卡片，此时双击"卡片编号"可以查询以前输入的卡片进行修改。

●其他页签录入的内容只是为管理卡片设置，不参与计算，除附属设备外，其他内容在录入月结账后除"备注"外不能修改和输入，由系统自动生成。

●当固定资产发生增减变动时，系统生成凭证时会默认采用这些科目。

●原值、累计折旧、累计工作量录入一定要是卡片录入月月初的价值，否则将会出现计算错误。

●内容一样的资产卡片可通过"编辑→复制"功能进行批量增加。

【知识链接】

固定资产卡片是固定资产核算和管理的基本依据。为保持历史资料的连续性，必须将建账以前的数据录入到系统中。原始卡片的录入不限制必须在第一个期间结账前，任何时候都可以录入原始卡片。原始卡片上所记录的资产开始使用日期一定要早于固定资产系统的启用日期。

▶ 任务解析

丁浩要使用畅捷通 T3 软件的固定资产管理功能，首先需要录入固定资产系统的业务控制参数，然后设置资产类别，设置部门及对应折旧科目、固定资产增减方式的对应科目，录入固定资产原始卡片，之后才能进行固定资产管理的日常操作。

任务二　固定资产管理子系统日常业务处理

▶ 任务引例

丁浩要将公司 2015 年 1 月固定资产发生变动的数据录入固定资产管理子系统，丁浩应该如何进行操作呢？

潍坊东江电子设备有限责任公司 2015 年 1 月固定资产变动情况如下：

(1)1 月 22 日，总经理办公室购买扫描仪一台，价值 1600 元，净残值率 4%，预计使用年限 5 年。

(2)1 月 31 日，计提本月折旧费用。

(3)1 月 31 日，生产车间出售微机一台，原价 12980 元，已提折旧 415.36 元。

(4)1 月 31 日，总经理办公室的轿车添置新配件 1000 元，现金支付。

(5)1月31日，销售部笔记本电脑转移到采购部。

任务实施

以"02丁浩"的身份注册企业门户。用户名：02；密码：2；账套：[001]潍坊东江电子设备有限责任公司；会计年度：2015；操作日期：2015年1月31日。

一、资产增加

(1)执行系统菜单"固定资产→卡片→资产增加"命令，进入"资产类别参照"窗口。如图5-19所示。

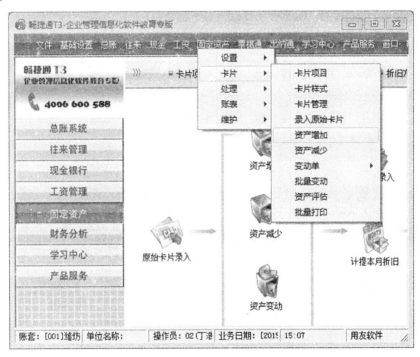

图 5-19　打开"资产增加"界面

(2)选择资产类别："021经营用设备"。

(3)单击"确认"按钮，进入"固定资产卡片新增"窗口。

(4)输入固定资产名称"扫描仪"；双击部门名称选择"总经理办公室"，双击增加方式选择"直接购入"，双击使用状况选择"在用"；输入原值"1600"，使用年限"5年"，净残值率"4%"，开始使用日期"2015—01—22"。如图5-20所示。

(5)单击"保存"按钮，进入"填制凭证"窗口。

(6)选择凭证类型"付款凭证"，修改制单日期、附件数。如图5-21所示。

(7)单击"保存"按钮。

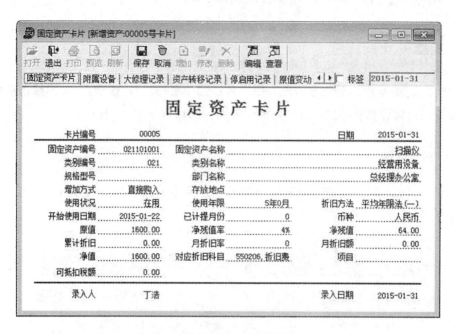

图 5-20 "固定资产卡片"界面

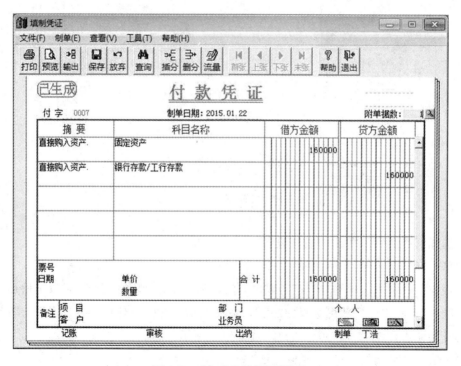

图 5-21 "生成记账凭证"界面

操作提示：

• 固定资产原值一定要输入卡片录入月月初的价值，否则会出现计算错误。

• 新卡片第一个月不提折旧，累计折旧为空或0。

• 卡片输入完后，也可以不立即制单，月末可以批量制单。

【知识链接】

资产增加是指以购进或其他方式增加企业资产。

资产增加需要输入一张新的固定资产卡片，与固定资产期初输入相对应。

二、计提折旧

(1)执行系统菜单"固定资产→处理→计提本月折旧"命令，弹出"本操作将计提本月折旧，并花费一定时间，是否要继续？"提示框。如图5-22所示。

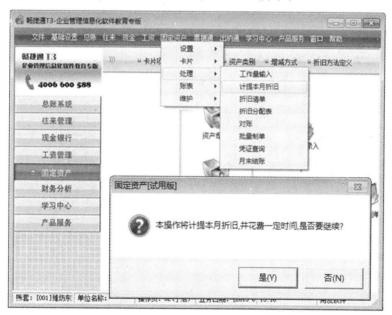

图5-22 "打开计提折旧"界面

(2)单击"是"按钮，进入"折旧清单"窗口。如图5-23所示。

(3)单击"退出"按钮，进入"折旧分配表"窗口。如图5-24所示。

(4)单击"凭证"按钮，进入"凭证填制"窗口。

(5)选择凭证类型"转账凭证"。如图5-25所示。

(6)单击"保存"按钮。

(7)单击"退出"按钮，弹出信息提示框"计提折旧完成！"，单击"确定"按钮。

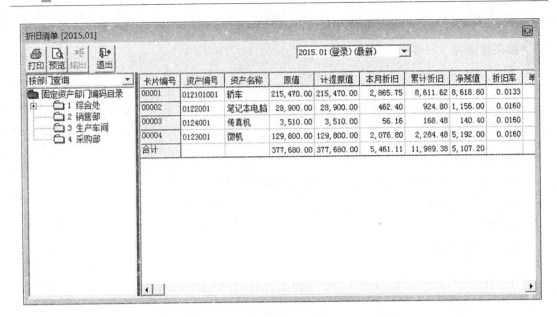

图 5-23 "折旧清单"界面

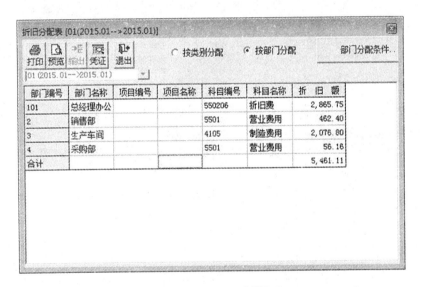

图 5-24 "折旧分配表"界面

操作提示：

●固定资产系统在一个期间可以多次计提折旧，每次计提折旧后，只是将计提的折旧累加到月初的累计折旧，不会重复累计。

●计提折旧后又对账套进行了影响折旧计算或分配的操作，必须重新计提折旧，否则系统不允许结账。

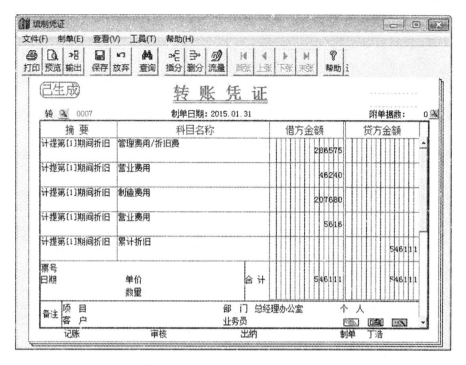

图 5-25　"生成记账凭证"界面

●如果上次计提折旧已制单把数据传递到总账系统，则必须删除该凭证才能重新计提折旧。

●如果定义的折旧方法、月折旧率或月折旧额出现负数，则自动中止计提。

【知识链接】

自动计提折旧是固定资产管理系统的主要功能之一。系统每期计提折旧一次，根据录入系统的资料自动计算每项资产的折旧，并自动生成折旧分配表，然后自动生成记账凭证，将本期的折旧费用自动登账。

系统提供的折旧清单显示了所有应计提折旧资产所计提的折旧数据额。

折旧分配表是生成记账凭证，并把计提折旧额分配到有关成本和费用的依据。

资产的使用部门和资产折旧要汇总的部门可能不同。为了加强资产管理，使用部门必须是明细部门，而折旧分配部门不一定分配到明细部门。不同企业处理可能不同，因此要在计提折旧后，分配折旧费用时作出选择。

三、资产减少

(1)执行系统菜单"固定资产→卡片→资产减少"命令，进入"资产减少"窗口。如图 5-26 所示。

(2)单击查找 🔍，打开"卡片参照"窗口，选择卡片编号"00004"。如图 5-27 所示。

(3)单击"增加"按钮。

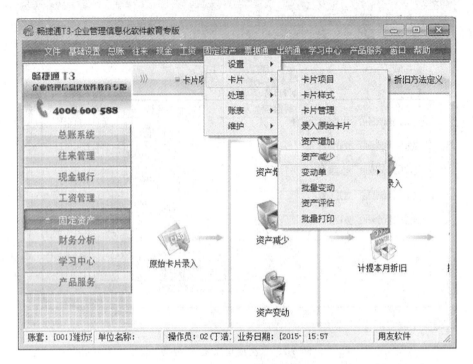

图 5-26　"资产减少"界面

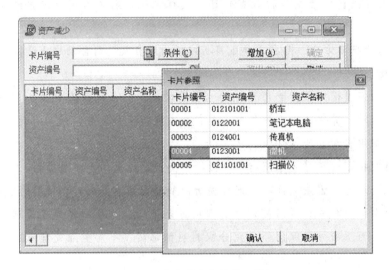

图 5-27　"资产减少卡片参照"界面

(4)选择减少方式"直接出售"。如图 5-28 所示。

(5)单击"确认"按钮，进入"填制凭证"窗口。

(6)选择"转账凭证"，修改其他项目。如图 5-29 所示。

(7)单击"保存"按钮。

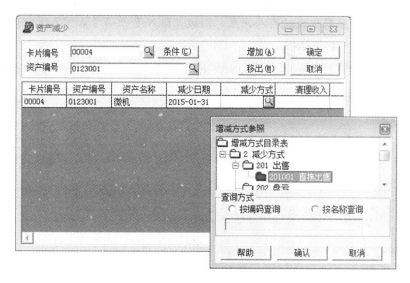

图 5-28　"增减方式参照"界面

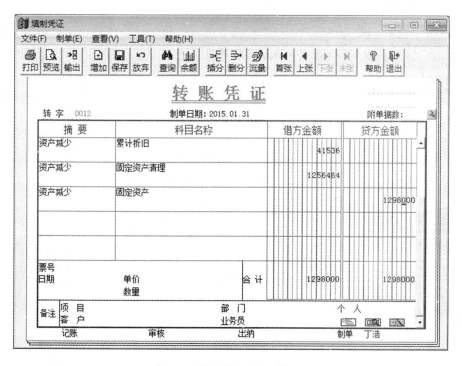

图 5-29　"生成记账凭证"界面

操作提示：

●本系统需要进行计提折旧后，才能减少资产。

●如果要减少的资产较少或没有共同点，则通过输入资产编号或卡片号，单击"增加"按钮，将资产添加到资产减少表中。

●如果要减少的资产较多并且有共同点，则通过单击"条件"按钮，输入一些查询条件，将符合该条件的资产挑选出来进行批量减少操作。

【知识链接】

资产在使用过程中，总会由于各种原因，如毁损、出售、盘亏等退出企业，该部分操作称为"资产减少"。固定资产系统提供资产减少的功能，资产减少需输入资产减少卡片，并说明减少原因。

系统提供资产减少的批量操作，为同时清理一批资产提供方便。

四、资产变动

(一)资产原值变动

(1)执行系统菜单"固定资产→卡片→变动单→原值增加"命令，进入"固定资产变动单"窗口。如图5-30所示。

图5-30 打开"变动单"界面

(2)输入卡片编号"00001"，输入增加金额"1000"，输入变动原因"增加配件"。如图5-31所示。

(3)单击"保存"按钮，进入"填制凭证"窗口。

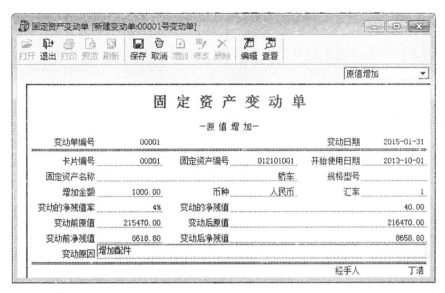

图 5-31　"固定资产变动单"界面

(4)选择凭证类型"付款凭证",贷方科目为"1001 现金",填写修改其他项目,单击"保存"按钮。如图 5-32 所示。

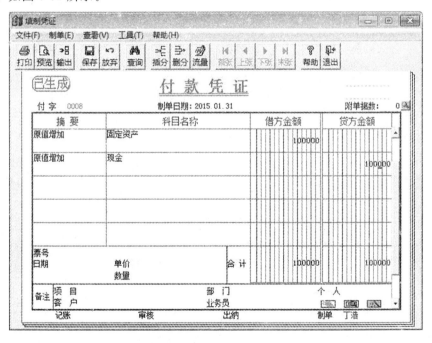

图 5-32　"生成记账凭证"界面

操作提示:

- 变动单不能修改,只有当月可删除重做,所以请仔细检查后再保存。
- 必须保证变动后的净值大于变动后的净残值。

(二)资产部门转移

(1)执行系统菜单"固定资产→卡片→变动单→部门转移"命令，进入"固定资产变动单"窗口。如图 5-33 所示。

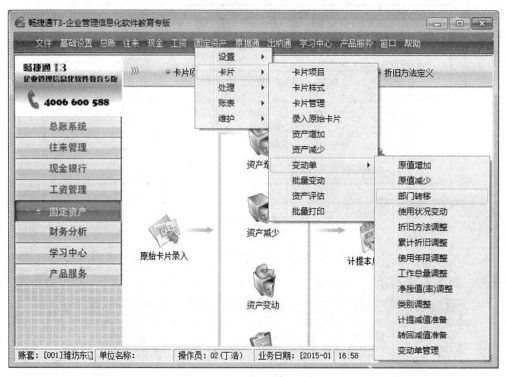

图 5-33　打开"部门转移"界面

(2)输入卡片编号"00002"；双击变动后部门选择"采购部"；输入变动原因"调拨"。如图 5-34 所示。

图 5-34　"固定资产变动单"界面

(3)单击"保存"按钮。

【知识链接】

资产变动主要包括原值变动、部门转移、使用状况变动、使用年限调整、折旧方法调整、净残值(率)调整、工作总量调整、累计折旧调整、资产类别调整等。

系统对已做出变动的资产，要求输入相应的变动单来记录资产调整结果。

五、总账系统处理

固定资产系统生成的凭证自动传递到总账系统，以"01 赵丽"的身份进入总账系统，对传递过来的凭证进行审核和记账。

操作提示：

● 只有总账系统记账完毕，固定资产管理系统期末才能和总账进行对账工作。

六、账表管理

用户可以通过固定资产系统提供的账表管理功能，及时掌握资产的统计、汇总和其他各方面的信息。通过"固定资产→报表→账表管理"命令，进入"固定资产报表"窗口，选择需要的账表，输入查询条件即可查看。

固定资产系统内的账表包括账簿、折旧表、统计表和分析表四类。

账簿。系统自动生成的账簿包括(单个)固定资产明细账、(部门、类别)明细账、固定资产登记簿和固定资产总账。这些账簿以不同方式按照时间顺序反映资产变化情况。

折旧表。系统提供了三种折旧表，(部门)折旧计提汇总表、固定资产及累计折旧表和固定资产折旧计算明细表。通过折旧表可以了解并掌握本企业所有资产本期、本年乃至某部门计提折旧及明细情况。

统计表。统计表是由于管理资产的需要，按照管理目的统计的数据。系统提供七种统计表，即固定资产原值一览表、固定资产统计表、评估汇总表、评估变动表、盘盈盘亏报告表、逾龄资产统计表和役龄资产统计表。

分析表。分析表主要通过对固定资产的综合分析，为管理者提供管理和决策依据。系统提供四种分析表，即价值结构分析表、固定资产使用情况分析表、部门构成分析表和类别构成分析表。

任务解析

丁浩要录入公司本月的固定资产数据，可根据固定资产的变动的情况，进行资产增加、计提折旧、资产减少、资产变动等信息的录入。完成后需要由账套主管进入总账系统对生成的记账凭证进行审核并记账，否则不能进行固定资产管理系统期末处理。

任务三　固定资产管理子系统期末处理

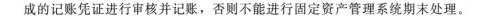 任务引例

月末的时候，丁浩如何进行公司固定资产管理系统的期末处理呢？

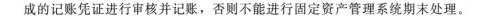 任务实施

以"02丁浩"的身份注册企业门户。用户名：02；密码：2；账套：[001]潍坊东江电子设备有限责任公司；会计年度：2015；操作日期：2015年1月31日。

一、对账

(1)执行系统菜单"固定资产→处理→对账"命令，弹出"与财务对账结果"提示框。如图5-35所示。

(2)单击"确定"按钮。

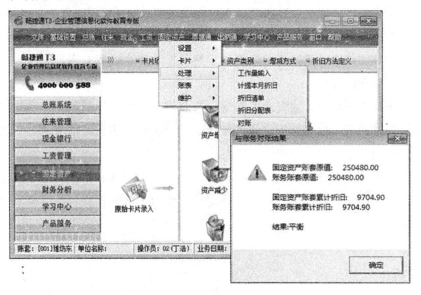

图 5-35　"对账"界面

操作提示：

●当总账记账完毕，固定资产系统才可以进行对账。对账平衡，开始月末结账。

●如果在初始设置时，选择了"与账务系统对账"功能，对账的操作不限制执行时间，任何时候都可以进行对账。

●若在财务接口中选中"在对账不平情况下允许固定资产月末结账"，则可以直接进行月末结账。

【知识链接】

期末需要进行固定资产系统与总账系统对账操作，避免出现业务处理错误。

对账操作之前一定要计提本月折旧，并将本月所有业务审核记账之后才可以操作，否则出现对账不平衡的情况。

二、结账

（一）期末结账

（1）执行系统菜单"固定资产→处理→月末结账"命令，打开"月末结账"对话框。如图 5-36 所示。

图 5-36　打开"月末结账"界面

（2）单击"开始结账"按钮，弹出"月末结账成功完成！"提示框。如图 5-37 所示。

（3）单击"确定"按钮。

　　　　　　　　　　　　　　　　　　　　　　　　　　　会计信息化

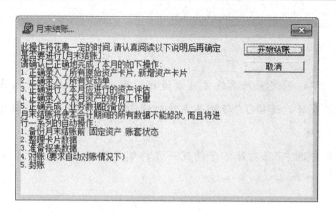

图 5-37　"月末结账"界面

操作提示:

- 本会计期间做完月末结账工作后, 所有数据资料将不能再进行修改。
- 本会计期间不做完月末结账工作, 系统将不允许处理下一个会计期间的数据。
- 月末结账前一定要进行数据备份, 否则数据一旦丢失, 将造成无法挽回的后果。

(二)取消结账

(1)执行"工具→恢复月末结账前状态"命令, 弹出"是否继续?"提示框。

(2)单击"是"按钮, 弹出"成功恢复月末结账前状态!"提示框。

(3)单击"确定"按钮。

操作提示:

- 假如在结账后发现结账前操作有误, 必须修改结账前的数据的话, 则可以使用"恢复结账前状态"功能, 又称"反结账", 即将数据恢复到月末结账前状态, 结账时所做的所有工作都被无痕迹删除。
- 在总账系统未进行月末结账时才可以使用恢复结账前状态功能。
- 一旦本系统提取了某期的数据, 该期不能反结账。如果当前的账套已经做了年末处理, 那么就不允许再执行恢复月初状态功能。

任务解析

丁浩在月末的时候要进行固定资产管理系统期末处理, 需要先对固定资产管理系统与总账管理系统进行对账, 然后进行结账。月末处理完成后本月固定资产管理子系统数据将不得进行修改。

项目小结

　　固定资产管理系统，可以帮助企业进行固定资产日常业务的核算和管理，生成固定资产卡片，按月反映固定资产的增加、减少、原值变化及其他变动，并输出相应的增减变动明细账，按月自动计提折旧，生成折旧分配凭证，同时输出相关的报表和账簿。

　　本项目主要学习固定资产子系统的操作，主要内容包括固定资产管理子系统的初始化设置、资产增加、资产减少、变动处理、计提折旧、期末对账、结账等。重点要求掌握固定资产子系统初始设置和日常处理的操作步骤和方法，难点是卡片管理及资产日常管理。课后可通过课外项目练习强化训练。

项目训练

　　导入项目五课外项目训练的账套数据。

　　进行山东文和科技有限责任公司固定资产管理子系统的初始设置，并完成公司 2016 年 1 月的固定资产数据处理。

　　1. 初始设置

　　(1)控制参数，见表 5-5。

表 5-5　控制参数

控制参数	参数设置
约定与说明	
启用月份	2016.01
折旧信息	本账套计提折旧； 折旧方法：平均年限法； 折旧汇总分配周期：1 个月； 当(月初已计提月份＝可使用月份－1)时，将剩余折旧全部提足
编码方式	资产类别编码方式：2112； 固定资产编码方式： 　　按"类别编码＋部门编码＋序号"自动编码； 　　卡片序号长度为 3

续表

控制参数	参数设置
财务接口	与账务系统进行对账； 对账科目： 　　固定资产对账科目：1601固定资产； 　　累计折旧对账科目：1602累计折旧
补充参数	业务发生后立即制单； 月末结账前一定要完成制单登账业务； 固定资产缺省入账科目：1601，累计折旧缺省入账科目：1602

(2)资产类别，见表5-6。

表 5-6 资产类别

编码	类别名称	净残值率	计提属性
01	交通运输设备	5%	正常计提
011	经营用设备	5%	正常计提
012	非经营用设备	5%	正常计提
02	电子设备	5%	正常计提
021	经营用设备	5%	正常计提
022	非经营用设备	5%	正常计提
02	其他设备	5%	正常计提

(3)部门及对应折旧科目，见表5-7。

表 5-7 部门及对应折旧科目

部　　门	对应折旧科目
管理部	管理费用/折旧费(550206)
市场部	营业费用(5501)
供应部	管理费用/折旧费550206)
开发部	制造费用/折旧费(5501)

(4)增减方式的对应入账科目，见表5-8。

表5-8　增减方式的对应入账科目

增减方式目录	对应入账科目
增加方式	
直接购入	100201，工行存款
减少方式	
毁损	1606，固定资产清理

(5)原始卡片，见表5-9。

表5-9　固定资产原始卡片

固定资产名称	类别编号	所在部门	增加方式	可使用年限	开始使用日期	原值	累计折旧	对应折旧科目名称
奔驰轿车	012	经理办公室	直接购入	10	2013.01.01	300000	50000	管理费用/折旧费
丰田小客车	011	供应部	直接购入	10	2013.01.01	250000	45000	管理费用/折旧费
金杯小客车	011	市场一部	直接购入	10	2014.10.01	120000	20000	销售费用
IBM笔记本电脑	022	财务部	直接购入	5	2015.01.01	30000	3000	管理费用/折旧费
复印机	022	财务部	直接购入	5	2015.01.01	30000	3000	管理费用/折旧费
方正微机	021	研发中心	直接购入	5	2015.01.01	10000	2000	制造费用
方正微机	021	研发中心	直接购入	5	2015.01.01	10000	2000	
合计						750000	125000	

注：净残值率均为5%，使用状况均为"在用"，折旧方法均采用平均年限法(一)。

2. 日常处理

(1)1月20日，研发中心购买扫描仪一台，价值2000元，净残值率5%，预计使用年限5年。

(2)1 月 31 日，计提本月折旧费用。

(3)1 月 31 日，研发中心毁损方正微机一台。

(4)1 月 31 日，经理办公室的奔驰轿车添置新配件 10000 元。

(5)1 月 31 日，财务部复印机转移到经理办公室。

完成后，输出账套。

将备份的账套妥善保管，后续课外项目练习需在此账套内完成。

项目六　供应链管理

技能目标

●掌握供应链管理系统简单的初始化设置，能够设置公共基础档案，录入期初数据等；

●掌握采购系统普通采购业务处理的操作，能够录入采购订单、采购入库单、采购发票等；

●掌握销售系统普通销售业务处理的操作，能够录入销售订单、销售发货单、销售专用发票等。

工作任务

●设置供应链系统公共基础档案，进行采购、销售、库存系统参数设置，并录入期初数据；

●录入采购订单、采购入库单、采购发票，完成普通采购业务操作；

●录入销售订单、销售发货单、销售专用发票，完成普通销售业务操作。

任务一　供应链管理子系统初始设置

任务引例

赵丽作为潍坊东江电子设备有限责任公司的财务经理，想要将公司的采购、销售和库存信息录入畅捷通 T3 财务软件，更好地管理公司的供应链。赵丽将这项工作交由采购部张平完成，张平需要做哪些工作呢？

潍坊东江电子设备有限责任公司采购、销售、库存设置要求如下：

1. 基础档案

(1)存货分类，见表6-1。

表6-1　存货分类

存货类别编码	存货类别名称
1	原材料
2	产成品

(2)存货档案，见表6-2。

表6-2　存货档案

编码	存货名称	规格型号	计量单位	税率	存货属性	计划价/售价	参考成本	参考售价	所属分类
101	塑粒	黑色	KG	17	销售、外购、生产耗用		80		原材料
102	导线	8	米	17	销售、外购、生产耗用				原材料
103	二极管	锗	只	17	销售、外购、生产耗用				原材料
104	薄铜片	1mm	平方	17	外购、销售、生产耗用				原材料
201	USB 延长线	1m	条	17	自制、销售				产成品
202	微控开关	6V	个	17	外购、销售		6		产成品
203	鼠标	光电	个	17	外购、销售				产成品
204	视频转换器	VGA2AV	个	17	外购、自制、销售				产成品

(3)仓库档案，见表6-3。

表6-3　仓库档案

仓库编码	仓库名称	计价方式
1	原料仓	移动平均
2	成品仓	移动平均

(4)采购类型，见表6-4。

表6-4　采购类型

采购类型编码	采购类型名称	入库类别	是否默认值
1	生产采购	采购入库	是
2	其他采购	采购入库	否

(5)销售类型，见表6-5。

表6-5　销售类型

销售类型编码	销售类型名称	出库类别	是否默认值
1	批发	销售出库	是
2	零售	销售出库	否

2. 基础科目

(1)存货科目，见表6-6。

表6-6　存货科目

仓库	存货分类名称	存货科目
原料仓	原材料	塑粒(121101)
成品仓	产成品	鼠标(124303)

(2)存货对方科目，见表6-7。

表6-7　存货对方科目

收发类别编码	收发类别	存货分类编码	存货分类名称	对方科目
11	采购入库	1	原材料	在途物资(1201)
12	产成品入库	2	产成品	生产成本/直接材料(410101)
22	材料领用出库	1	原材料	生产成本/直接材料(410101)
21	销售出库	2	产成品	主营业务成本(5401)

(3)客户往来科目

基本科目设置：应收科目为1131，销售收入科目5101，应交增值税科目21710106。

结算方式科目设置：现金结算对应1001，转账支票对应100201，现金支票对应100201。

(4)供应商往来科目

基本科目设置：应付科目为2121，采购科目121101，采购税金科目21710101。

结算方式科目设置：现金结算对应1001，转账支票对应100201，现金支票对应100201。

3. 采购模块期初数据

12月21日，采购部张平收到北京龙达实业公司开具的专用发票一张，发票号为A001，商品为塑粒，数量12720kg，单价8元，税率17%，由于天气问题影响运输，塑粒于2015年1月1日还未到达。

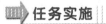

任务实施

以"04 张平"的身份注册企业门户。用户名：04；密码：4；账套：[001]潍坊东江电子设备有限责任公司；会计年度：2015；操作日期：2015 年 1 月 1 日。

一、基础档案设置

(一)设置存货分类

(1)执行系统菜单"基础设置→存货→存货分类"命令，打开"存货分类"窗口。如图 6-1 所示。

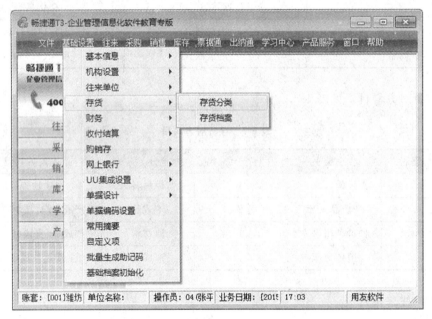

图 6-1　打开"存货分类"界面

(2)在"存货分类"窗口中，单击"增加"按钮。

(3)输入数据。如图 6-2 所示。

类别编码：1；类别名称：原材料。

(4)单击"保存"按钮。

(5)同理，类别编码：2；类别名称：产成品。

(二)设置存货档案

(1)执行系统菜单"基础设置→存货→存货档案"命令，打开"存货档案"窗口。如图 6-3 所示。

(2)在"存货档案"窗口中，单击选中"(1)原材料"。

(3)单击"增加"按钮，打开"增加存货档案"对话框。

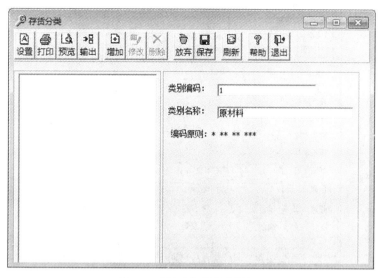

图 6-2　录入"存货分类"界面

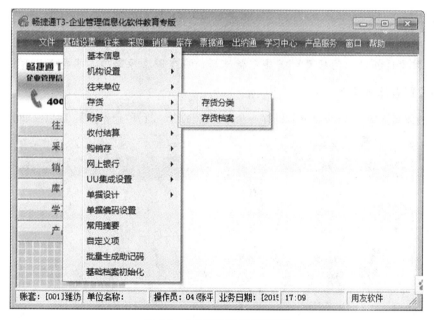

图 6-3　打开"存货档案"界面

（4）输入数据。如图 6-4 所示。

"基本"选项卡：

存货编码：101；存货名称：塑粒；规格型号：黑色；所属分类：原材料；计量单位：KG；税率：17；存货属性：销售、外购、生产耗用。

"成本"选项卡：参考售价：50。

（5）单击"保存"按钮。

（6）同理，按照任务引例表 6-2 增加其他存货档案信息。

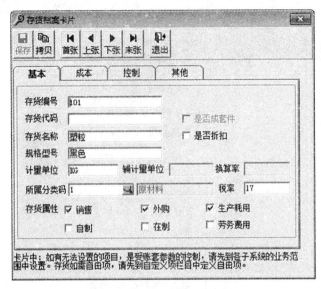

图6-4　录入"存货档案"界面

操作提示：

●对于需要选择输入的项目，若要重新选择，应先删除原选项，再重新选择。

(三)设置仓库档案

(1)执行系统菜单"基础设置→购销存→仓库档案"命令，打开"仓库档案"窗口。如图 6-5 所示。

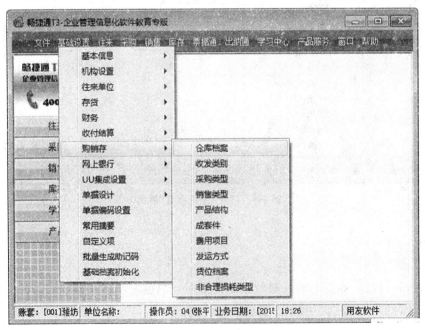

图6-5　打开"仓库档案"界面

(2)在"仓库档案"窗口中，单击"增加"按钮。

（3）输入数据。如图 6-6 所示。

仓库编码：1；仓库名称：原料仓；计价方式：移动平均法。

（4）单击"保存"按钮。

（5）同理，按照任务引例表 6-3 增加其他仓库档案。

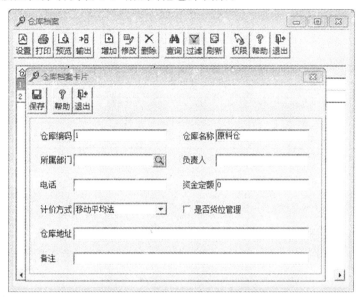

图 6-6　录入"存货档案卡片"界面

（四）设置采购类别

（1）执行系统菜单"基础设置→购销存→采购类型"命令，打开"采购类型"窗口。如图 6-7 所示。

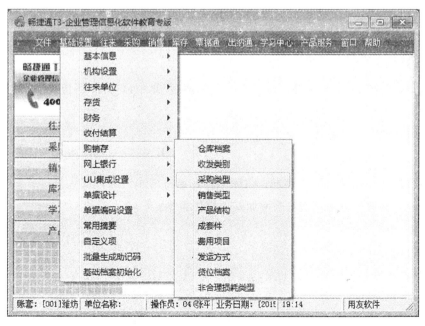

图 6-7　打开"采购类型"界面

（2）在"采购类型"窗口中，单击"增加"按钮。

（3）输入或选择数据。如图6-8所示。

类型编码：1；类别名称：生产采购；入库类别：采购入库；是否默认值：是。

（4）同理，按照任务引例表6-4增加其他采购类型。

（5）单击"退出"按钮。

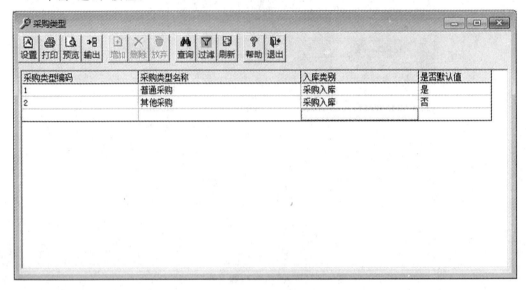

图6-8 录入"采购类型"界面

操作提示：

●在增加完的采购类型后，需再增加一空行。

（五）设置销售类别

（1）执行系统菜单"基础设置→购销存→销售类型"命令，打开"销售类型"窗口。如图6-9所示。

（2）在"销售类型"窗口中，单击"增加"按钮。

（3）输入或选择数据。如图6-10所示。

类型编码：1；类别名称：批发；入库类别：销售出库；是否默认值：是。

（4）同理，按照任务引例表6-5增加其他销售类型。

（5）单击"退出"按钮。

【知识链接】

定义采购类型和销售类型，能够按采购、销售类型对采购、销售业务数据进行统计和分析。采购类型和销售类型均不分级次，根据实际需要设立。

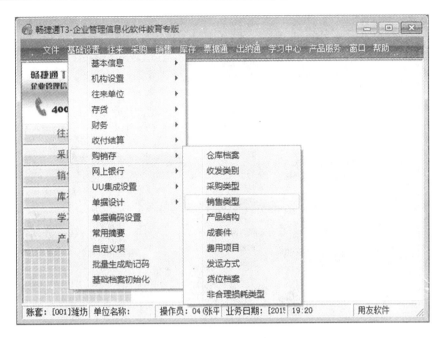

图 6-9　打开"销售类型"界面

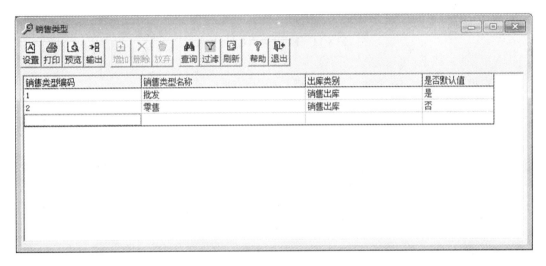

图 6-10　录入"销售类型"界面

二、基础科目设置

(一)设置存货科目

(1)执行系统菜单"核算→科目设置→存货科目"命令,进入"存货科目"窗口。如图 6-11 所示。

(2)单击"增加"按钮。

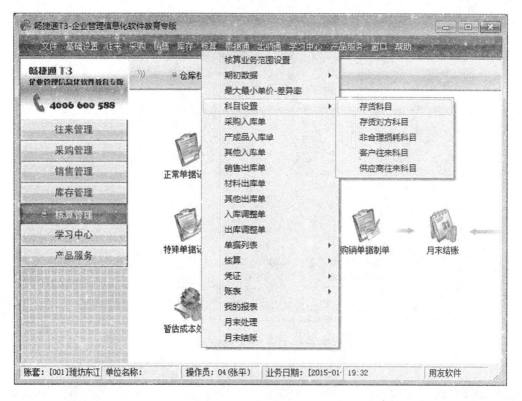

图 6-11 打开"存货科目"界面

(3)根据任务引例表 6-6 输入存货科目。如图 6-12 所示。

(4)单击"保存"按钮。

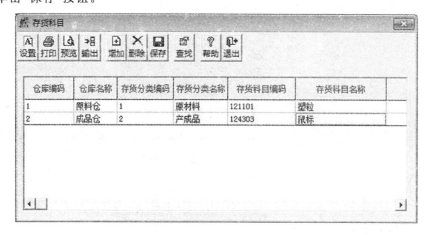

图 6-12 录入"存货科目"界面

(二)设置对方科目

(1)执行系统菜单"核算→科目设置→存货对方科目"命令，进入"存货对方科目"窗口。如图 6-13 所示。

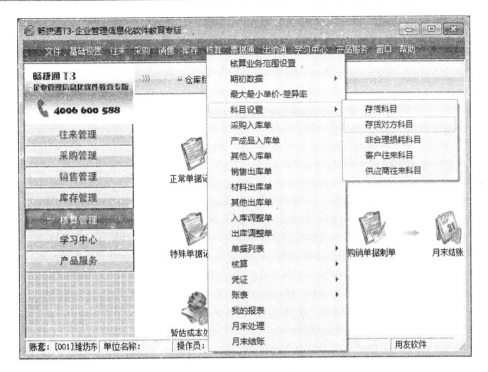

图 6-13　打开"存货对方科目"界面

（2）单击"增加"按钮。

（3）根据任务引例表 6-7 输入对方科目。如图 6-14 所示。

（4）单击"退出"按钮。

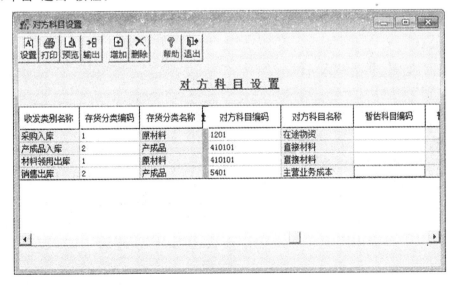

图 6-14　录入"存货东方科目"界面

(三)设置客户往来科目

(1)执行"核算→科目设置→客户往来科目"命令，打开"客户往来科目设置"窗口。如图6-15所示。

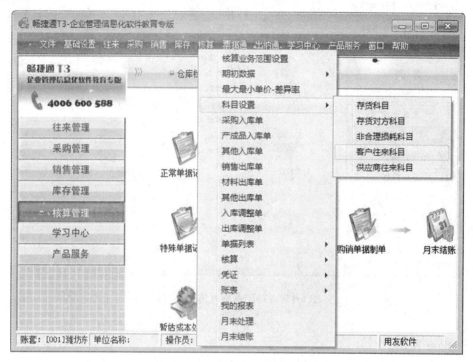

图 6-15　打开"客户往来科目设置"界面

(2)单击"基本科目设置"，应收科目本币输入"1131"，销售收入科目"5101"，应交增值税科目"21710106"。如图 6-16 所示。

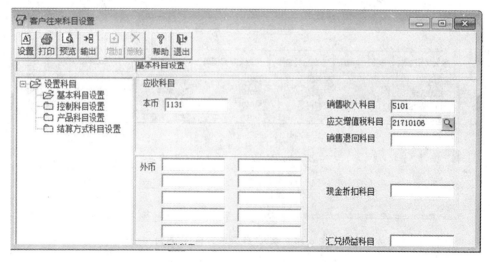

图 6-16　"客户往来科目设置"界面

（3）同理，单击"结算方式科目设置"，设置结算科目。如图 6-17 所示。

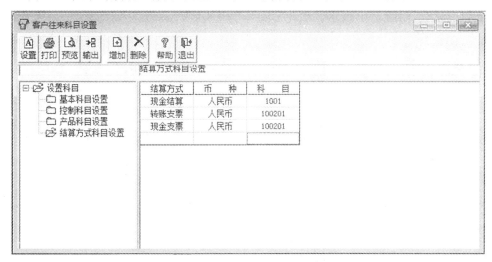

图 6-17　"结算方式科目设置"界面

（4）单击"退出"按钮。

(四)设置供应商往来科目

（1）执行"核算→科目设置→供应商往来科目"命令，打开"供应商往来科目设置"窗口。如图 6-18 所示。

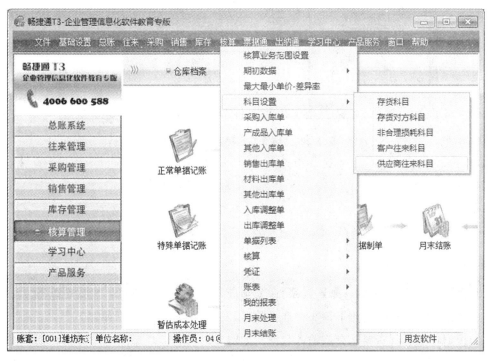

图 6-18　打开"供应商往来科目设置"界面

（2）单击"基本科目设置"，应付科目本币输入"2121"，采购科目"121101"，应交增值税科目"21710101"。如图 6-19 所示。

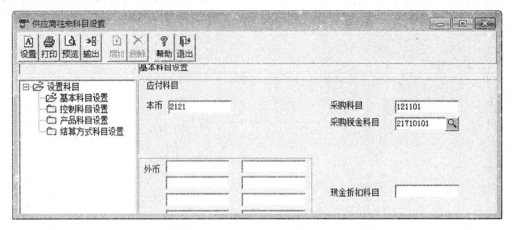

图 6-19　"供应商往来科目设置"界面

（3）同理，单击"结算方式科目设置"，设置结算科目。如图 6-20 所示。

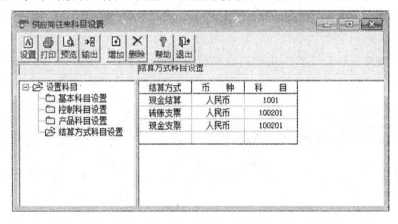

图 6-20　"结算方式科目设置"界面

（4）单击"退出"按钮。

三、采购期初数据录入

（一）输入期初采购发票

（1）执行系统菜单"采购→采购发票"命令，进入"采购发票"窗口。如图 6-21 所示。

（2）单击"增加"按钮右侧下箭头，选择"专用发票"。如图 6-22 所示。

（3）根据任务引例资料选择或输入数据。如图 6-23 所示。

（4）单击"保存"按钮。

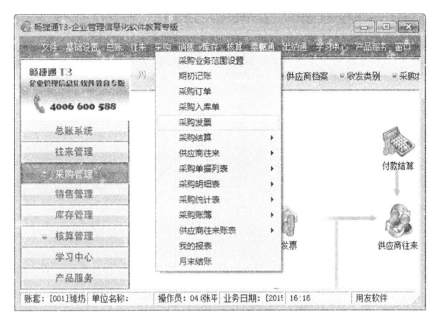

图 6-21 打开"采购发票"界面

图 6-22 增加"期初采购发票"界面

(二)采购系统期初记账

(1)执行"采购→期初记账"命令,弹出"期初记账"提示框。如图 6-24 所示。

(2)单击"记账"按钮,稍候片刻,系统提示"期初记账完毕"。

(3)单击"确定"按钮,返回采购管理。

图 6-23　录入"期初采购发票"界面

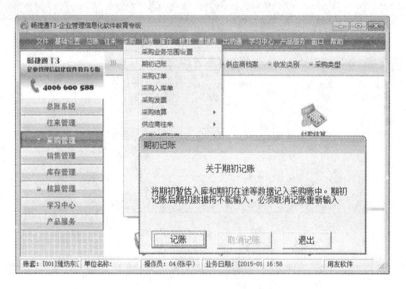

图 6-24　打开"期初记账"界面

操作提示：

●采购管理系统如果不执行期初记账，无法开始日常业务处理，因此，如果没有期初数据，也要执行期初记账。

●采购管理系统如果不执行期初记账，库存管理系统和存货核算系统不能记账。

●采购管理若要取消期初记账，选择"采购→期初记账"，单击其中的【取消记账】按钮即可。

【知识链接】

期初记账时会将采购期初数据记入有关采购账、代销商品采购账中。期初记账后，期初数据便不能再增加、修改和删除。

特别需要注意的是，没有期初数据时也应该进行期初数据记账。

四、库存/存货期初数据录入

(1)执行系统菜单"核算→期初数据→期初余额"命令，进入"期初余额"窗口。

(2)选择仓库"原料仓"，单击"增加"按钮，根据资料录入原材料库期初库存数据。

(3)同理，选择仓库"成品仓"，录入成品库期初库存数据。

(4)单击"记账"按钮，系统对所有仓库进行记账，稍候，系统提示"期初记账成功！"。

操作提示：

●由于本教材任务引例中期初原材料无余额，所以未进行库存数据录入，但仍需要进行库存系统记账。

●各个仓库存货的期初余额既可以在库存模块录入，也可以在核算模块中录入。只要在其中一个模块输入，另一模块中自动获得期初库存数据。这里在核算模块中录入。

任务解析

张平要使用畅捷通 T3 软件的供应链管理功能，首先需要进行基础档案设置，设置存货分类、存货档案、仓库档案等，然后进行基础科目设置，设置存货科目、客户往来科目等，最后进行期初数据录入，包括期初采购发票、库存等，并进行采购系统和库存系统记账。之后才可以进行供应链系统日常业务处理。

任务二　供应链管理子系统日常业务处理

任务引例

张平要将公司 2015 年 1 月采购、销售、库存的数据录入供应链管理子系统，张平应该如何进行操作呢？

潍坊东江电子设备有限责任公司 2015 年 1 月购销存业务如下：

(1)1 月 6 日，采购部张平从龙达实业采购鼠标 1300 只，预计到货日期为本月 12 日。

(2)1 月 8 日，从龙达实业采购塑粒 2.1 吨，每吨单价 9000 元，收到专用发票(票号：CG101)，会计确认该笔应付账款。材料已入原材料库。

(3)1 月 12 日，采购部张平收到龙达实业提供的鼠标 1300 只，验收入成品仓库。同时收到专用发票一张(票号：CG102)，单价 12 元，增值税率 17%，价税合计 18252 元。

(4)1 月 17 日，企业开出转账支票(支票号：ZP001)支付上述款项。

(5)1 月 18 日，销售部王欣收到银河科技订单一张，订购鼠标 1000 只，无税单价 28 元。预计本月 22 日发货。

(6)1 月 22 日，销售部王欣向银河科技发出鼠标 1000 只，无税单价 28 元，增值税率 17%，价税合计为 32760 元。

(7)同时开出销售普通发票一张。

(8)1 月 24 日，收到银河科技开出的转账支票一张，票号为 ZP002，做收款处理。

(9)1 月 25 日，生产部从材料库领用塑粒 1 吨，用于生产视频转换器。

任务实施

以"04 张平"的身份注册企业门户。用户名：04；密码：4；账套：[001]潍坊东江电子设备有限责任公司；会计年度：2015；操作日期：2015 年 1 月 31 日。

一、采购订货管理

(1)执行系统菜单"采购→采购订单"命令，进入"采购订单"窗口。如图 6-25 所示。

(2)单击"增加"按钮。

(3)输入或选择表头数据。

订单日期"2015－01－01"；供货单位"龙达实业"；部门"采购部"；业务员"张平"。

(4)输入或选择表体数据。如图 6-26 所示。

存货编码"203"；数量"1300"；单价"12"；计划到货日期"2015－01－06"。

(5)单击"保存"按钮。

(6)单击"审核"按钮。

(7)单击"退出"按钮，退出"采购订单"窗口。

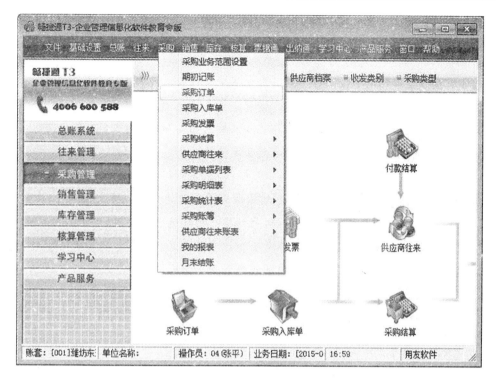

图 6-25 打开"采购订单"界面

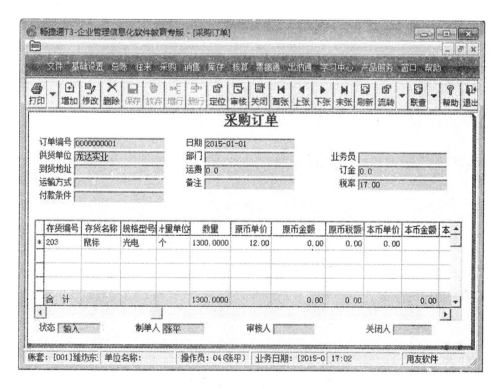

图 6-26 录入"采购订单"界面

操作提示：

●在填制采购订单时，单击鼠标右键可查看存货现存量。

●系统自动生成"订单编号"，可以手工修改，订单编号不能重复。

●如果企业要按部门或业务员进行考核，必须输入相关"部门"和"业务员"信息。

●如果要修改订单，必须先取消审核，然后才能修改。

【知识链接】

采购订货是指企业通过与供应商签订采购合同或采购协议确认货物需求，主要包括采购什么货物、采购多少、由谁供货、什么时间到货、供货地点等内容。

采购订单审核后才能执行，执行完毕即货物已全部入库、开票、付款后可以自动关闭，对于尚未执行完毕的订单如果确实需要的话也可以手工关闭。

二、普通采购业务

(一)采购入库单处理

1. 在采购模块中填制采购入库单

(1)执行系统菜单"采购→采购入库单"命令，进入"采购入库单"窗口。如图 6-27 所示。

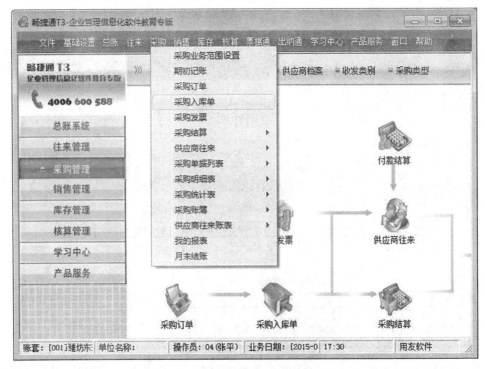

图 6-27　打开"采购入库单"界面

（2）单击"增加"按钮。

（3）输入或选择表头数据。

入库日期"2015－01－08"；仓库"原料仓"；供货单位"龙达实业"；部门"采购部"；业务员"张平"；入库类别"采购入库"。

（4）输入或选择表体数据。如图6-28所示。

存货编码"101"；数量"2100"；单价"9"。

图6-28　录入"采购入库单"界面

（5）单击"保存"按钮。同理录入1月12日鼠标入库的业务。

（6）单击"退出"按钮，退出"采购入库单"窗口。

操作提示：

● 填制采购入库单时，可单击右键，参照已审核的采购订单。

【知识链接】

采购入库是将供应商提供的货物检验合格后，放入指定仓库的业务。当货物入库时，仓库保管员应根据采购到货签收的实收数量填制采购入库单。

采购入库单按照业务性质分为蓝字入库单和红字入库单。红字入库单用于采购退货业务处理。

2. 在库存模块中审核采购入库单

(1)执行"库存→采购入库单审核"命令，进入"采购入库单"窗口。如图 6-29 所示。

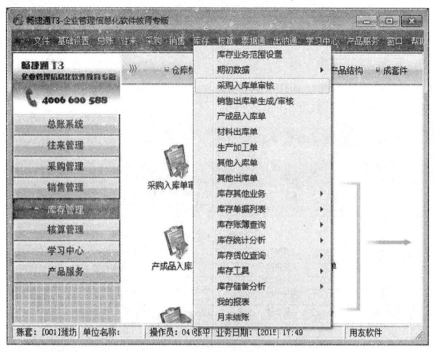

图 6-29 打开"采购入库单"界面

(2)单击"审核"按钮，单击"退出"按钮返回。如图 6-30 所示。

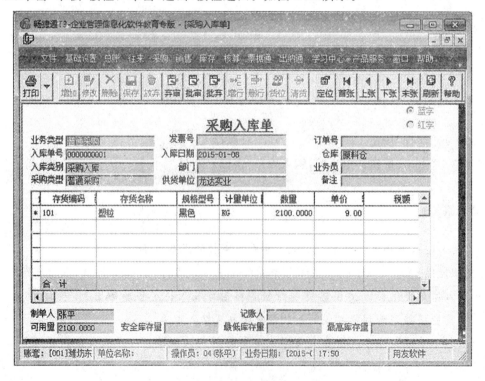

图 6-30 "采购入库单"界面

3. 在核算模块中对入库单记账

(1)执行"核算→核算→正常单据记账"命令，打开"正常单据记账条件"对话框。如图6-31所示。

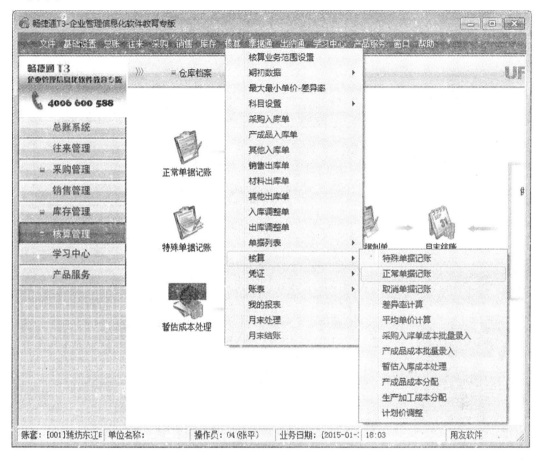

图 6-31 打开"正常单据记账"界面

(2)单击"确认"按钮，进入"正常单据记账"窗口。

(3)在要记账的单据的选择栏双击。如图6-32所示。

(4)单击"记账"按钮，退出。

【知识链接】

在核算子系统中对采购入库单记账，登记存货明细账。采购入库单要想记账必须有金额，而金额可以通过两种方式获取：一是在单货同行的情况下，经过采购结算由系统自动计算入库单价和金额；二是在货到票未到的情况下，在存货核算子系统直接填写暂估价格。

4. 在核算模块中对已记账入库单生成凭证

(1)执行"核算→凭证→购销单据制单"命令，进入"生成凭证"窗口。如图6-33所示。

(2)单击工具栏上的"选择"按钮，打开"查询条件"对话框。

(3)选择"采购入库单(暂估记账)"。如图6-34所示。

图 6-32 "正常单据记账"界面

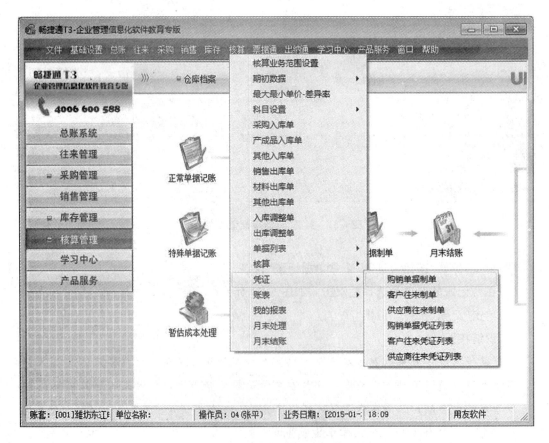

图 6-33 打开"购销登记制单"界面

(4)单击"确认"按钮，进入"未生成凭证一览表"窗口。如图 6-35 所示。

图 6-34　设置"查询条件"界面

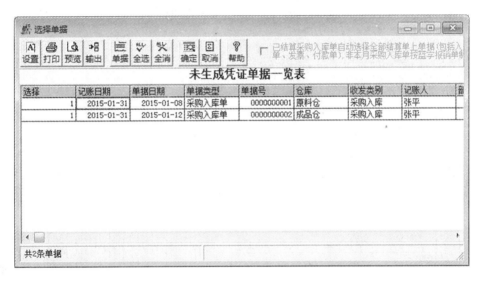

图 6-35　"单据选择"界面

（5）单击"确定"按钮，进入"凭证填制"窗口。对方科目选择"1201"。如图 6-36 所示。

（6）选择凭证类型"转账凭证"。如图 6-37 所示。

（7）单击"生成"按钮。单击"保存"按钮。

（8）单击"退出"按钮。

操作提示：

●由于系统序时设置的要求，此处的记账凭证填制日期只能是 2015 年 1 月 31 日。在实际操作中，随时发生采购入库业务，随时记账，凭证填制日期应为入库日期。

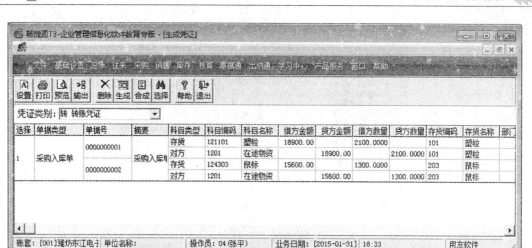

图 6-36 "凭证填制"界面

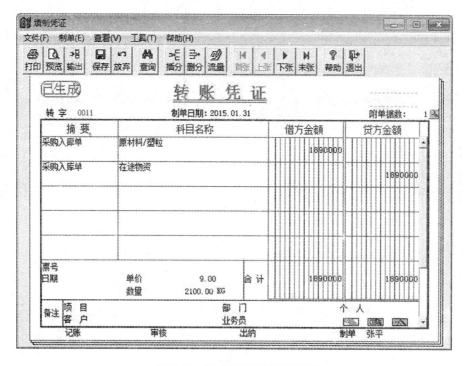

图 6-37 生成"记账凭证"界面

【知识链接】

在核算子系统中对采购入库单进行制单,生成的凭证会自动传递到账务子系统,在账务子系统中对该凭证进行审核、记账。生成的凭证反映存货入库信息。

(二)采购发票处理

1.在采购模块中填制采购发票

(1)执行系统菜单"采购→采购发票"命令,进入"采购专用发票"窗口。如图 6-38 所示。

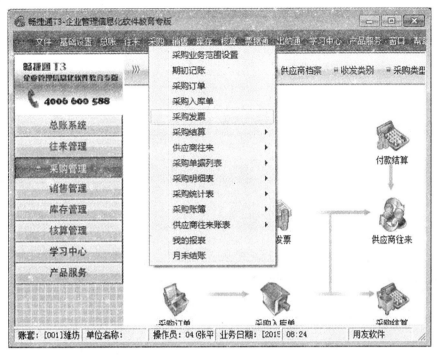

图 6-38　打开"采购发票"界面

(2)单击"增加"按钮。

(3)输入或选择表头数据。

开票日期"2015-01-08";供货单位"龙达实业";部门名称"采购部";业务员"张平";发票号"CG101"。

(4)输入或选择表体数据。如图 6-39 所示。

存货编码"101";数量"2100";单价"9"。

(5)单击"保存"按钮。

(6)同理,录入 1 月 12 日采购鼠标的发票。单击"退出"按钮,退出"采购专用发票"窗口。

操作提示:

●输完的采购发票需要与入库单进行采购结算。

2. 在采购模块中对采购发票进行复核并结算

(1)在采购发票填制窗口,单击"复核"按钮。如图 6-40 所示。

(2)单击"是"按钮。同理审核第二张发票。

(3)单击"结算"按钮,进行采购结算。如图 6-41 所示。

(4)单击"确认"按钮,完成采购结算。

图 6-39　录入"采购专用发票"界面

图 6-40　"复核采购发票"界面

图 6-41　"采购结算"界面

操作提示：

● 采购结算也可通过执行命令"采购→采购结算"完成，有手工结算和自动结算两种方式。

● 由于某种原因需要修改或删除入库单、采购发票时，需先取消采购结算。

3. 在核算模块中对采购发票生成应付凭证

(1) 执行"核算→凭证→供应商往来制单"命令，打开"供应商制单查询"对话框。如图6-42所示。

图 6-42　打开"供应商制单查询"界面

（2）选择"发票制单"。如图6-43所示。

图6-43 "供应商制单查询"界面

（3）单击"确认"按钮，进入"单据处理"窗口。

（4）双击选择需要审核的单据。

（5）选择"转账凭证"。如图6-44所示。

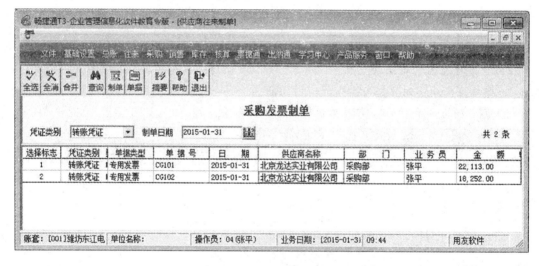

图6-44 "采购发票制单"界面

（6）单击"制单"按钮，进入"填制凭证"窗口。如图6-45所示。

（7）单击"保存"按钮，凭证左上角出现"已生成"标志，表示凭证已传递到总账。

（三）付款单处理

1. 在采购模块中填制付款单并核销

（1）执行系统菜单"采购→供应商往来→付款结算"命令，进入"结算单录入"窗口。如图6-46所示。

（2）选择供应商"龙达实业"，单击"增加"按钮。

（3）输入或选择表头数据。

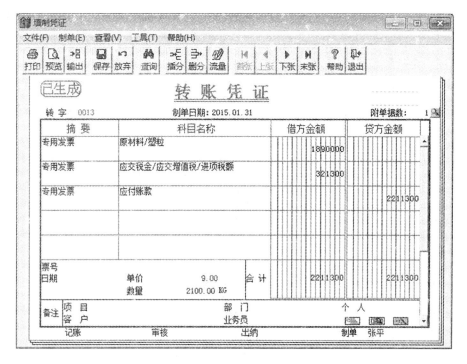

图 6-45 生成"记账凭证"界面

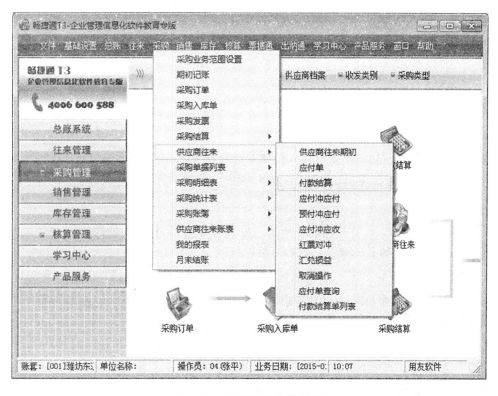

图 6-46 打开"付款结算"界面

日期"2015—01—17";结算方式"转账支票";金额"18252",票据号"ZP001";部门"采购部";业务员"张平";龙达实业银行账号"98987654",单击"保存"按钮。如图 6-47 所示。

图 6-47 填制"付款单"界面

(4)单击"核销"按钮,输入本次结算金额"18252"。

(5)单击"保存"按钮。

【知识链接】

到期付款时,在采购子系统录入付款单,并进行审核。然后将审核后的付款单和采购发票进行核销,登记应付账款明细账。

2. 在核算模块中对付款单生成付款凭证

(1)执行"核算→凭证→供应商往来制单"命令,打开"供应商制单查询"对话框。如图 6-48所示。

(2)选择"核销制单",单击"确认"按钮,进入"单据处理"窗口。如图 6-49 所示。

(3)双击选择需要审核的单据,选择"付款凭证"。如图 6-50 所示。

(4)单击"制单"按钮,进入"填制凭证"窗口。

(5)单击"保存"按钮,凭证左上角出现"已生成"标志,表示凭证已传递到总账。如图6-51所示。

【知识链接】

在核算子系统中对核销后的付款单制单,生成的凭证会自动传递到账务子系统,在账务子系统对该凭证进行审核、记账。生成的凭证反映还款信息。

图 6-48　打开"供应商制单查询"界面

图 6-49　"供应商制单查询"界面

图 6-50　"核销制度"界面

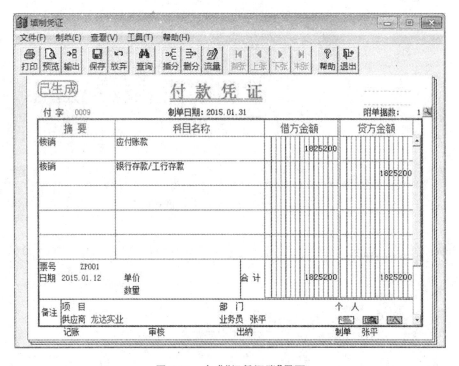

图 6-51　生成"记凭证账"界面

三、销售订货管理

(1)执行系统菜单"销售→销售订单"命令，进入"销售订单"窗口。如图 6-52 所示。

(2)单击"增加"按钮。

(3)输入或选择表头数据。如图 6-53 所示。

订单日期"2015－01－18"；客户简称"银河科技"；销售部门"销售部"；业务员"王欣"。

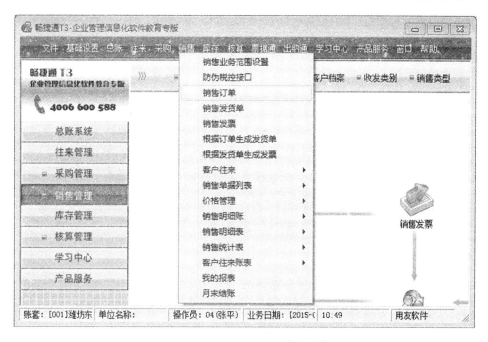

图 6-52 打开"销售订单"界面

(4)输入或选择表体数据。

存货编码"203"；数量"1000"；无税单价"28"；预计发货日期"2015－01－12"。

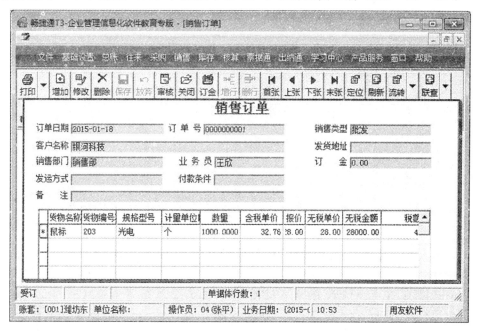

图 6-53 填制"销售订单"界面

(5)单击"保存"按钮。

(6)单击"审核"按钮。

(7)单击"退出"按钮,退出"采购订单"窗口。

操作提示:

● 已保存的销售订单可以修改、删除,但不允许修改他人填制的销售订单;

● 系统自动生成"订单编号",可以手工修改,订单编号不能重复;

● 如果企业要按业务员进行销售业绩考核,必须输入"业务员"信息。

四、普通销售业务

(一)销售发货单处理

1. 在销售管理模块填制并审核销售发货单

(1)执行"销售→销售发货单"命令,进入"发货单"窗口。如图6-54所示。

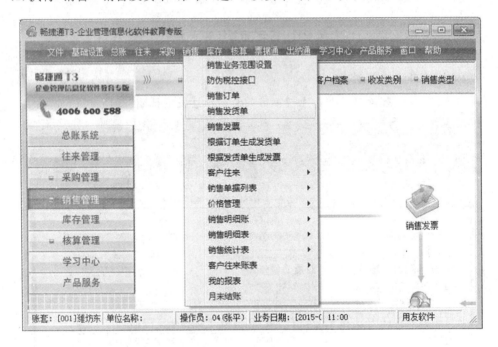

图6-54　打开"销售发货单"界面

(2)单击"增加"按钮,打开"选择订单"对话框,关闭。

(3)输入发货日期"2015-01-22",选择仓库"成品仓"。输入其他发货单信息。如图6-55所示。

(4)单击"保存"按钮。

(5)单击"审核"按钮,保存并审核发货单,退出。

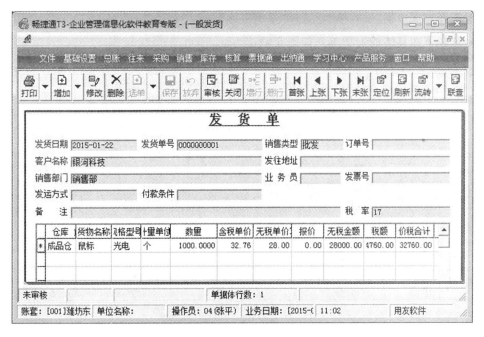

图 6-55　填制"发货单"界面

2. 在库存模块中审核销售出库单

(1)执行系统菜单"库存→销售出库单"命令，进入"销售出库单"窗口。如图 6-56 所示。

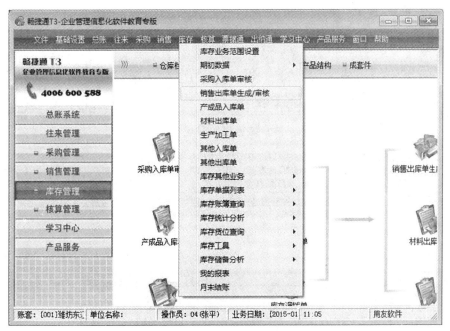

图 6-56　打开"销售出库单"界面

(2)单击"生成"按钮。

（3）选择参照单据"发货单"。选择"显示表体"。

（4）选择下面具体的发货单。如图6-57所示。

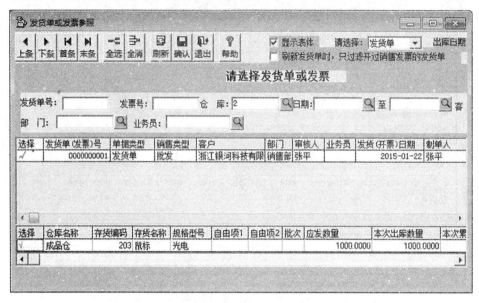

图6-57　选择"发货单"界面

（5）单击"确认"按钮。

（6）单击"审核"按钮。如图6-58所示。

图6-58　审核"销售出库单"界面

3. 在核算模块中对销售出库单记账

（1）执行"核算→核算→正常单据记账"命令，打开"正常单据记账条件"对话框。如图 6-59所示。

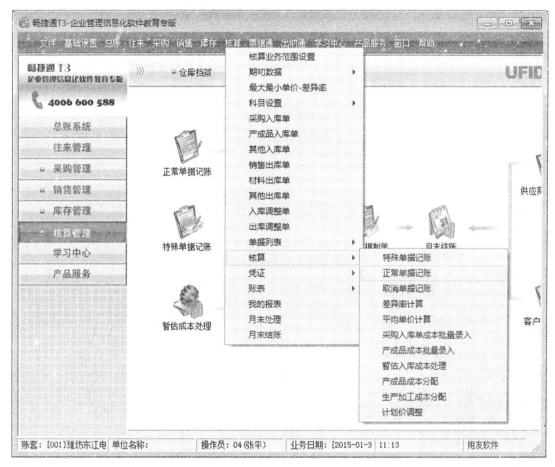

图 6-59 打开"正常单据记账"界面

（2）单击"确定"按钮，进入"正常单据记账"窗口。

（3）单击需要记账的单据前的"选择"栏，出现"√"标记，或单击工具栏的"全选"按钮，选择所有单据。如图 6-60 所示。

（4）单击工具栏中的"记账"按钮。

4. 在核算模块中对已记账销售出库单生成凭证

（1）执行"核算→凭证→购销单据制单"命令，进入"生成凭证"窗口。如图 6-61 所示。

（2）单击"选择"按钮，打开"查询条件"对话框。

（3）选择"销售出库单"，单击"确认"按钮，进入"选择单据"窗口。如图 6-62 所示。

（4）单击需要生成凭证的单据前的"选择"栏或单击工具栏中的"全选"按钮，然后单击工具栏中的"确定"按钮，进入"生成凭证"窗口。如图 6-63 所示。

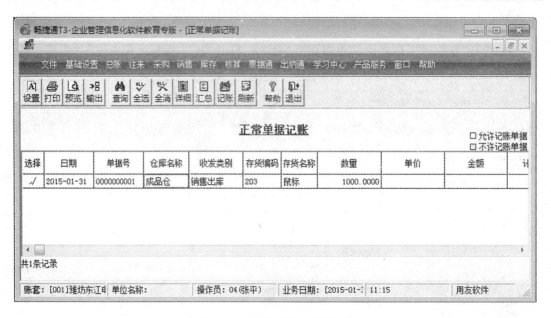

图 6-60　"正常单据记账"界面

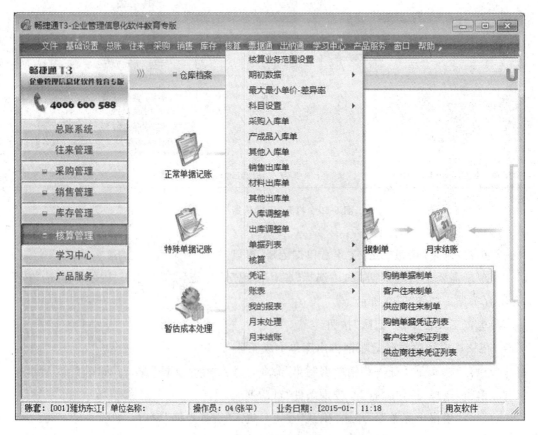

图 6-61　打开"购销单据制单"界面

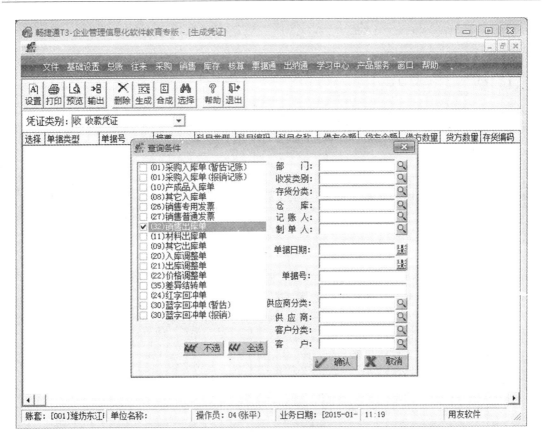

图 6-62　"查询条件"界面

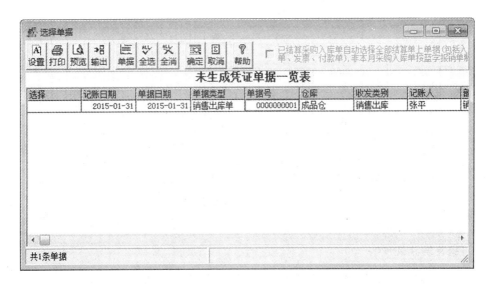

图 6-63　"未生成凭证单据一览表"界面

(5)选择凭证类别为"转账凭证"，单击"生成"按钮，系统显示生成的转账凭证。如图 6-64所示。

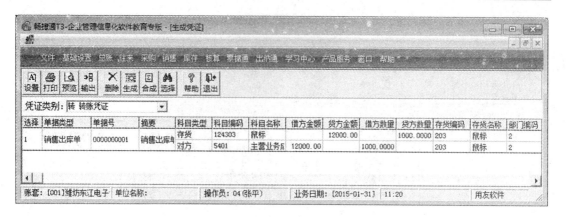

图 6-64 "生成凭证"界面

(6)修改确认无误后,单击工具栏中的"保存"按钮,凭证左上角显示"已生成"红字标记,表示已将凭证传递到总账系统。如图 6-65 所示。

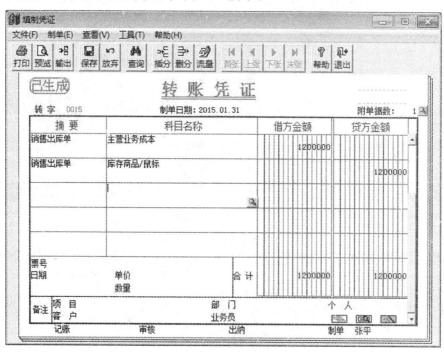

图 6-65 生成"记账凭证"界面

(二)销售发票处理

1. 在销售管理模块根据发货单填制并复核销售发票

(1)执行"销售→销售发票"命令,进入"销售发票"窗口。如图 6-66 所示。

(2)单击"增加"右侧下三角按钮,选择"普通发票"。

(3)输入开票日期"2015-01-22",单击"选单"右侧下三角按钮,选择"发货单"输入其他发票信息。如图 6-67 所示。

图 6-66 打开"销售发票"界面

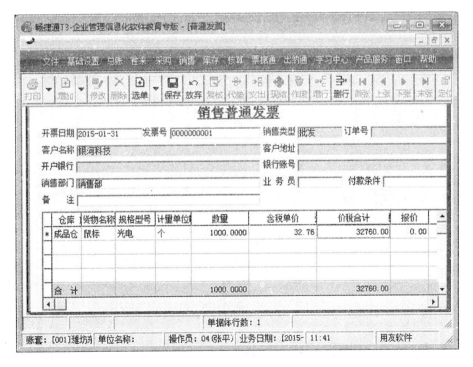

图 6-67 填制"销售发票"界面

（4）单击"保存"按钮。

（5）单击"复核"按钮，单击"确定"。如图 6-68 所示。

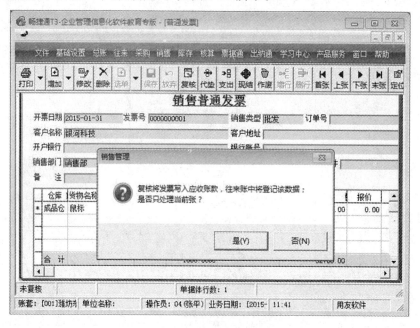

图 6-68　复核"销售发票"界面

2. 在核算模块中根据销售发票生成销售收入凭证

（1）执行"核算→凭证→客户往来制单"命令，打开"制单查询"对话框。如图 6-69 所示。

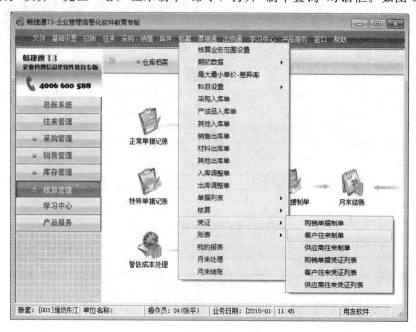

图 6-69　打开"客户往来制单"界面

（2）选中"发票制单"复选框。如图 6-70 所示。

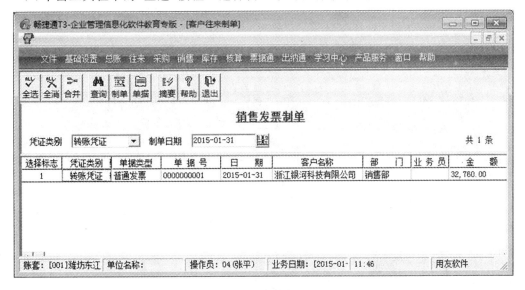

图 6-70 "客户制单查询"界面

（3）单击"确认"按钮，进入"销售发票制单"窗口。

（4）选择凭证类别为"转账凭证"。

（5）单击工具栏中的"全选"按钮，选择窗口中的所有单据。如图 6-71 所示。

图 6-71 "销售发票制单"界面

（6）单击"制单"按钮，屏幕上出现根据发票生成的转账凭证。

（7）单击"保存"按钮，凭证左上角显示"已生成"红字标记，表示已将凭证传递到总账系统。如图 6-72 所示。

（三）收款单处理

1. 在销售模块填制收款单并与销售发票核销

（1）执行"销售→客户往来→收款结算"命令，进入"收款单"窗口。如图 6-73 所示。

（2）选择客户"银河科技"。

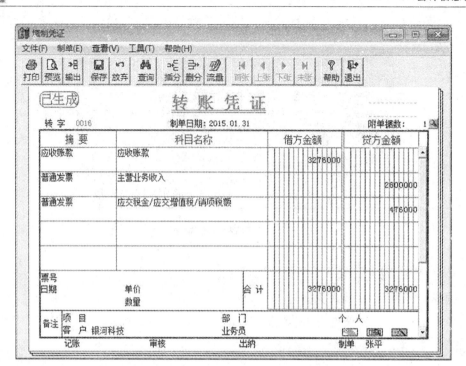

图 6-72　生成"记账凭证"界面

图 6-73　打开"收款结算"界面

（3）单击"增加"按钮。

（4）输入结算日期"2015-01-31"；结算方式"转账支票"；金额"32760"。如图 6-74 所示。

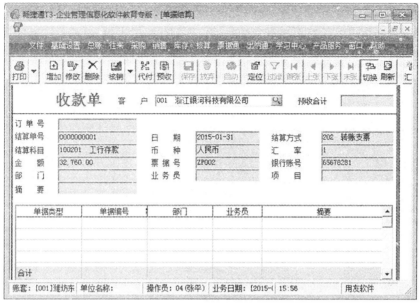

图 6-74 填制"收款单"界面

（5）单击"保存"按钮。

（6）单击"核销"按钮。

（7）在本次结算栏中输入"32760"。如图 6-75 所示。

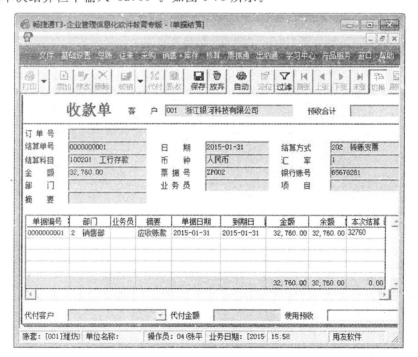

图 6-75 "核销收款单"界面

(8)单击"保存"按钮。

2. 在核算模块中根据核销的收款单生成收款凭证

(1)执行"核算→凭证→客户往来制单"命令，打开"制单查询"对话框。如图 6-76 所示。

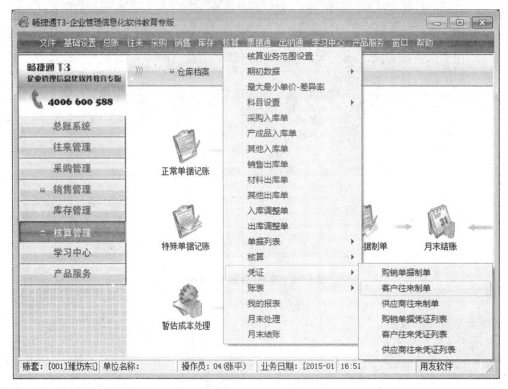

图 6-76 打开"客户往来制单"界面

(2)选中"核销制单"复选框。如图 6-77 所示。

图 6-77 "客户制单查询"界面

(3)单击"确认"按钮，进入"核销制单"窗口。

(4)选择凭证类别为"收款凭证"。

(5)单击工具栏中的"全选"按钮，选择窗口中的所有单据。如图 6-78 所示。

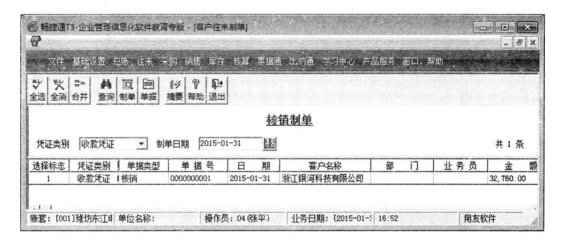

图 6-78 "核销制单"界面

(6)单击"制单"按钮，屏幕上出现根据收款单生成的凭证。如图 6-79 所示。

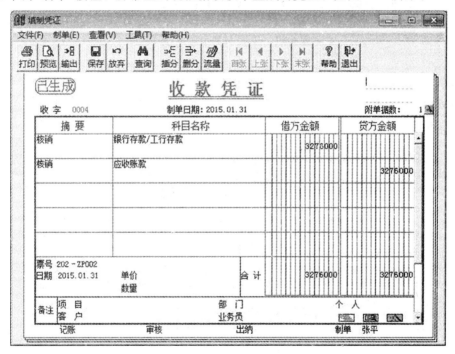

图 6-79 生成"记账凭证"界面

(7)单击"保存"按钮。

五、材料领用业务

(一)在库存模块中填制材料出库单

(1)执行"库存→材料出库单"命令，进入"材料出库单"窗口。如图 6-80 所示。

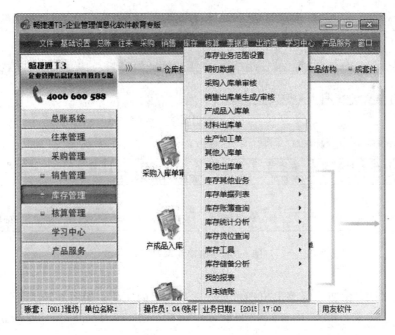

图 6-80 打开"材料出库单"界面

(2)单击"增加"按钮。

(3)填写出库日期"2015—01—25",仓库"原料仓",出库类别"材料领用",部门"生成车间"。如图 6-81 所示。

图 6-81 填制"材料出库单"界面

(4)选择"塑粒",输入数量"1000"。

（5）单击"保存"按钮。

（6）单击"审核"按钮。

(二)在核算系统中对材料出库单记账并生成凭证

（1）执行"核算→核算→正常单据记账"命令，对材料出库单进行记账处理。如图 6-82 所示。

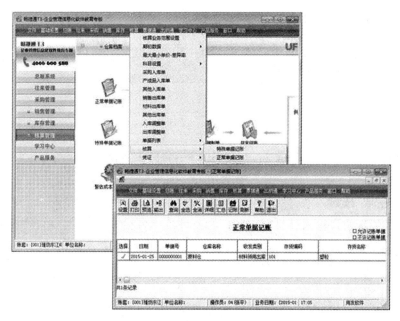

图 6-82 打开"正常单据记账"界面

（2）执行"核算→凭证→购销单据制单"命令，选择"材料出库单"生成凭证。如图 6-83 所示。

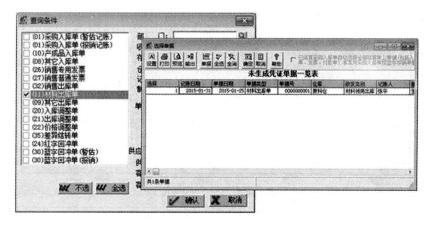

图 6-83 选择"材料出库单"界面

（3）单击"选择"按钮，查询条件选择"材料出库单"，单击确定。在"选择单据窗口"，单击"全选",然后选择"确定"。

(4)选择凭证类别"转账凭证"。输入存货科目"410101"。如图 6-84 所示。

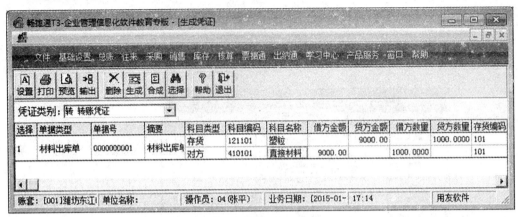

图 6-84 "材料出库单生成凭证"界面

(5)单击"生成"按钮。

(6)在生成凭证窗口输入科目"410101"的项目核算名称"B 设备"。单击"确认"按钮。如图 6-85 所示。

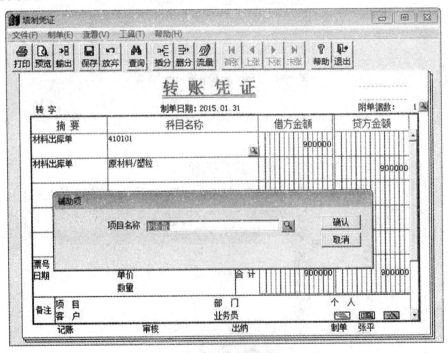

图 6-85 "记账凭证辅助核算"界面

(7)单击"保存"按钮。

六、产成品入库业务

(一)在库存模块中录入产成品入库单并审核

(1)执行"库存→产成品入库单"命令,进入"产成品入库单"窗口。如图 6-86 所示。

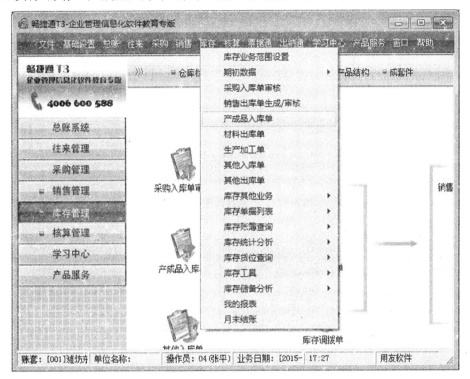

图 6-86 打开"产成品入库单"界面

(2)单击"增加"按钮。

(3)输入入库日期"2015-01-31",选择仓库"成品仓",入库类别"产成品入库",部门"生产车间"。如图 6-87 所示。

(4)选择存货"视频转换器",输入数量"500"。

(5)单击"保存"按钮。

(6)单击"审核"按钮,完成对该单据的审核。

操作提示:

●产成品入库单上无须填写单价,待产成品成本分配后会自动写入。

(二)在核算模块中录入生产总成本并进行产成品成本分配

(1)执行"核算→核算→产成品成本分配"命令,进入"产成品成本分配表"窗口。如图 6-88所示。

图 6-87 "产成品入库单"界面

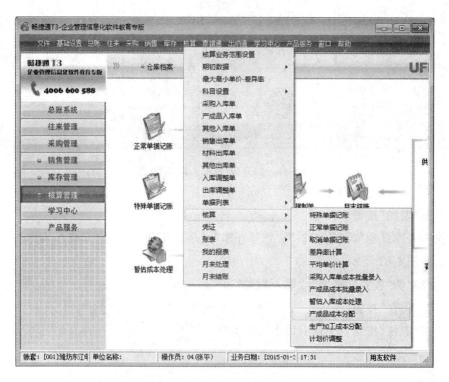

图 6-88 打开"产成品成本分配"界面

(2)单击"查询"按钮，打开"产成品成本分配表查询"对话框。

(3)选择"成品仓"。如图 6-89 所示。

(4)单击"确认"按钮，系统将符合条件的记录带回"产成品成本分配表"。如图 6-90 所示。

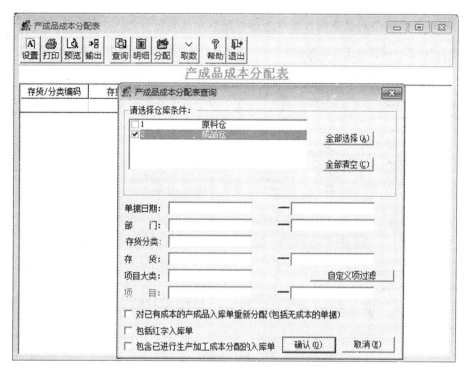

图 6-89 "产成品成本分配表查询"界面

图 6-90 "产成品成本分配"界面

(5)输入"视频转换器"金额"10000",单击"分配"按钮,系统弹出提示"分配操作顺利完成!"。

(6)单击"确定"按钮返回。

(三)在核算系统中对产成品入库单进行记账并生成凭证

(1)执行"核算→核算→正常单据记账"命令,对产成品入库单进行记账处理。如图 6-91 所示。

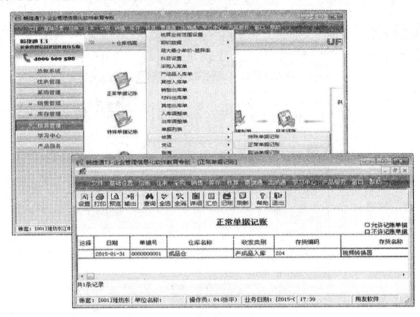

图 6-91 "产成品入库单记账"界面

(2)执行"核算→凭证→购销单据制单"命令,选择"产成品入库单"生成凭证。如图 6-92 所示。

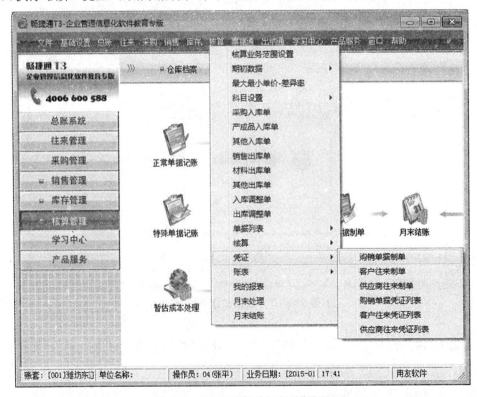

图 6-92 打开"购销单据制单"界面

（3）单击"选择"按钮，查询条件选择"产成品入库单"，单击"确认"按钮。在"选择单据"窗口，单击"全选"，然后选择"确定"按钮。如图 6-93 所示。

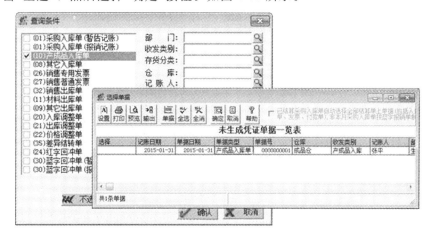

图 6-93 打开"未生成凭证单据一览表"界面

（4）选择凭证类别"转账凭证"，输入对方科目"410101"。如图 6-94 所示。

图 6-94 "生成凭证"界面

（5）单击"生成"按钮。

（6）在生成凭证窗口输入科目"410101"的项目核算名称"A 设备"。单击"确认"按钮。如图 6-95 所示。

（7）单击"保存"按钮。

任务解析

张平要录入公司本月采购数据，可在采购模块录入、审核采购订单，录入入库单，录

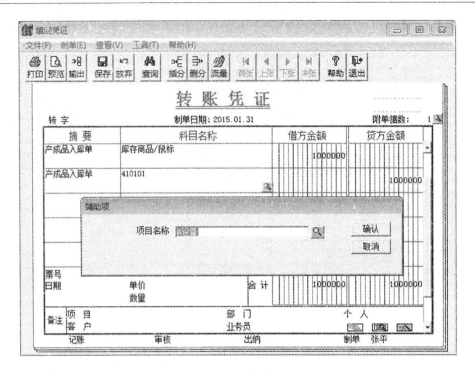

图 6-95 "记账凭证辅助核算设置"界面

入并复核采购发票，填制并核销付款单，在库存模块审核入库单，在核算模块对入库单、采购发票发票和付款单记账、生成记账凭证。

录入本月销售数据时，可在销售模块填制、审核销售订单，填制、审核发货单，填制并复核销售发票，填制收款单，并与销售发票核销，在库存模块审核销售出库单，在核算模块对销售出库单、销售发票和收款单记账、生成记账凭证。

录入本月的材料领用业务数据时，可在库存模块填制材料出库单，在核算模块对材料出库单记账并生成凭证。录入本月产成品入库业务数据时，可在库存模块填制并审核产成品入库单，然后在核算模块录入产成品总成本并进行产成品成本分配，并对产成品入库单记账、生成记账凭证。

任务三　供应链管理子系统期末处理

🔲➡ 任务引例

月末的时候，张平如何进行公司供应链管理子系统的期末处理呢？

任务实施

以"04 张平"的身份注册企业门户。用户名：04；密码：4；账套：[001]潍坊东江电子设备有限责任公司；会计年度：2015；操作日期：2015 年 1 月 31 日。

一、采购管理子系统月末处理

(1)执行系统菜单"采购→月末结账"命令，弹出"月末记账"对话框。如图 6-96 所示。

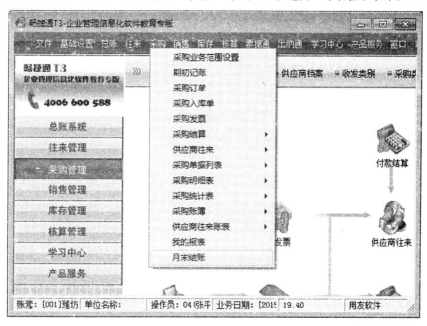

图 6-96　打开采购子系统"月末结账"界面

(2)单击当前结账月份(1 月)这一行右端的"选择标记"栏，显示"选中"。如图 6-97 所示。

(3)单击下方"结账"按钮，系统提示"月末结账完毕！"。

操作提示：

●如果在结账以后发现错误，可以取消结账，在"月末结账"对话框(如图 6-97 所示)，选中要取消结账的月份，单击下方的"取消结账"按钮即可。

●如果还没有进行期初记账，系统不允许进行期末结账。

●可以连续把多个月的单据进行一起结账，但是不允许跨月结账。月末结账以后，该月的单据就不能再修改、删除，这个月还没有输入的单据只能作为下个月的单据处理。

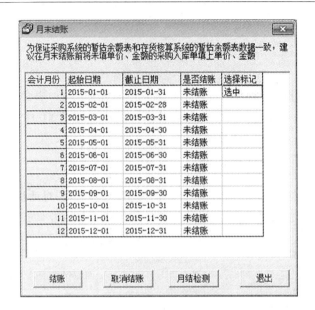

图 6-97　采购子系统"月末结账"界面

●如果采购管理子系统要取消月末结账，必须先通知库存管理子系统和核算管理子系统的操作人员，要求他们先取消各自管理的子系统的月末结账。如果库存和核算两个子系统没有取消月末结账，那么就不能取消采购管理系统的月末结账。核算子系统的取消结账必须先做。

●如果没有启用库存管理和核算管理两个子系统，并且不需要查看采购余额一览表，那么采购子系统可以不进行月末结账。

●不允许跨月取消月末结账，只能从最后一个月逐月往前取消月末结账。

【知识链接】

采购管理子系统的月末结账是把全月的所有单据进行封存，并且把当月的采购数据记入有关账表中。

二、销售管理子系统月末处理

(1)执行系统菜单"销售→月末结账"命令，弹出"月末记账"对话框。如图 6-98 所示。

(2)单击当前结账月份(1月)，使这一行的背景显示为蓝色，单击下方"月末结账"按钮，完成 1 月份月末结账。如图 6-99 所示。

操作提示：

●如果在结账以后发现错误，可以取消结账，在"月末结账"对话框(如图 6-99 所示)，选中要取消结账的月份，单击下方的"取消结账"按钮即可。

●在上月没有结账的情况下，本月不能结账，不过本月可以进行增加、修改和审核单

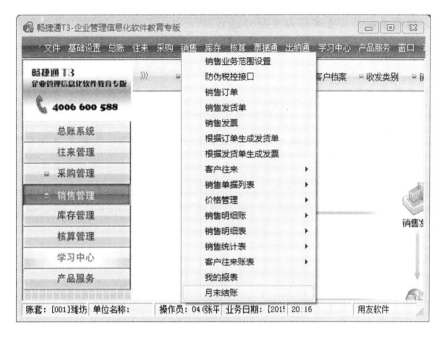

图 6-98 打开销售子系统"月末结账"界面

图 6-99 销售子系统"月末结账"界面

据。上个月是否结账不影响本月日常业务的处理。

●结账每月只能进行一次,一般在当前会计期间终了时进行。结账后本月不能再进行发货、开票等业务的处理。

●本月还有未审核单据的情况下,结账时系统会提示尚有哪些单据没有审核。用户可以选择继续结账或者取消结账。也就是说,还有单据没有审核不影响月度结账,但是年末(12

月）结账时，所有单据必须全部审核完毕才能结账。

●可以连续把多个月的单据进行一起结账，但是不允许跨月结账。月末结账以后，该月的单据就不能再修改、删除，这个月还没有输入的单据只能作为下个月的单据处理。

●如果采购管理子系统要取消月末结账，必须先通知库存管理子系统和核算管理子系统的操作人员，要求他们先取消各自管理的子系统的月末结账。如果库存和核算两个子系统没有取消月末结账，那么就不能取消采购管理系统的月末结账。核算子系统的取消结账必须先做。

●已经结账的月份不能再录入单据。

●年底结账时，要先进行数据备份，然后再结账。建议每个月底结账以前也做好数据备份。

【知识链接】

销售管理子系统的月末结账是把全月的所有单据进行封存，并且把当月的销售数据记入有关账表中。

三、库存管理子系统月末处理

（1）执行系统菜单"库存→月末结账"命令，弹出"月末记账"对话框。如图 6-100 所示。

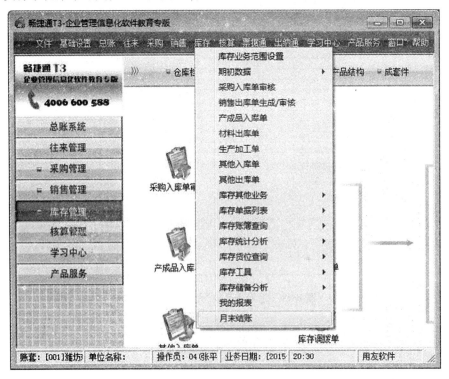

图 6-100　打开库存子系统"月末结账"界面

（2）单击选中当前结账月份（1月），使这一行的背景显示为蓝色，单击右方"结账"按钮，完成1月份月末结账。如图6-101所示。

图6-101 库存子系统"月末结账"界面

操作提示：

●如果在结账以后发现错误，可以取消结账，在"结账处理"对话框（如图6-97所示），选中要取消结账的月份，单击右方的"取消结账"按钮即可。

●如果在结账过程中没有通过合法性检查，屏幕上会出现提示，此时需要找出结账不能通过的原因，并且修改正确以后再重新进行结账。

●结账每月只能进行一次，结账后本月不能再填制单据。

●结账以前应该检查本月的工作是不是已经全部完成。只有在本月所有工作全部完成的前提下，才能进行月末结账，否则会漏掉某些业务数据。

●必须在采购子系统和销售子系统结账以后，才能够进行库存管理子系统的结账。

●不能跨越进行结账，只能连续结账，即只能对最后一个已经结账月份的下一个会计月进行结账。

●月末结账前一定要进行数据备份，否则一旦发生错误，将造成无法挽回的后果。

●月末结账以后不能再进行该月的业务处理，只能进行下个月的日常业务。

●必须是在核算子系统当月还没有结账，或者虽然已经结过账，但又取消了结账的情况下，库存子系统才能取消结账。

【知识链接】

库存管理子系统的月末结账是把全月的所有单据进行封存，并且把当月的库存数据记入有关账表中。

任务解析

张平在月末的时候要进行供应链管理子系统期末处理，需要先对采购和销售子系统进行结账，然后再对库存管理子系统进行结账。结账后各子系统的数据将不能进行修改。

项目小结

　　供应链管理子系统，可以帮助企业进行采购、销售、库存日常业务的核算和管理。通过录入、审核采购订单、采购发票、材料入库单、付款单等进行采购业务管理；填制销售发票、出库单、收款单等进行销售业务管理；填制材料入库单、材料出库单、产成品入库单、产成品出库单等进行库存管理。同时通过核算系统生成相关业务的记账凭证传递到总账系统，进行会计记账。

　　本项目主要学习供应链子系统的操作，主要内容包括供应链管理子系统的初始化设置、采购业务处理、销售业务处理、库存业务处理、供应链子系统企业处理等。重点要求掌握供应链子系统初始设置和购销存业务日常处理的操作步骤和方法，难点是购销存子系统与核算子系统的协同处理。课后可通过课外项目练习强化训练。

项目训练

　　导入项目六课外项目训练的账套数据。

　　进行山东文和科技有限责任公司供应链管理子系统的初始设置，并完成公司 2016 年 1 月的采购、销售、库存数据处理。

　　(一)初始设置

　　1. 基础信息

　　(1)存货分类，见表 6-8。

表 6-8　存货分类

存货类别编码	存货类别名称
01	原材料
02	产成品
0201	学习类软件
0202	游戏类软件
03	其他
0301	软件
0302	硬件

(2)存货档案，见表6-9。

表6-9 存货档案

存货编码	存货名称	规格型号	所属分类	税率%	存货属性	参考成本	参考售价
1001	空白光盘		01	17	销售、外购、生产耗用	2	4
1002	包装纸		01	17	外购、生产耗用	50	
2001	A软件		0201	17	自制、销售	80	200
2002	B软件		0201	17	自制、销售	40	150
3001	学习革命		0301	17	外购、销售	60	80
3002	方正电脑	P4-1.7G	0302	17	外购、销售	6000	7000

说明：参考售价不含税。

(3)仓库档案，见表6-10。

表6-10 仓库档案

仓库编码	仓库名称	所属部门	负责人	计价方式
1	材料库	供应部	张伟	先进先出法
2	软件库	市场一部	赵红	先进先出法
3	硬件库	市场二部	宋瑞	先进先出法

(4)收发类别，见表6-11。

表6-11 收发类别

收发类别编码	收发类别名称	收发标志	收发类别编码	收发类别名称	收发标志
1	入库分类	收	2	出库分类	发
11	采购入库	收	21	材料领用	发
12	产成品入库	收	22	销售出库	发

(5)采购类型，见表6-12。

表6-12 采购类别

采购类型编码	采购类型名称	入库类别	是否默认值
1	生产采购	采购入库	是
2	其他采购	采购入库	否

(6)销售类型，见表 6-13。

表 6-13 销售类型

销售类型编码	销售类型名称	出库类别	是否默认值
1	批发	销售出库	是
2	零售	销售出库	否

2. 基础科目

(1)存货科目，见表 6-14。

表 6-14 存货科目

仓库	存货科目
材料库	空白光盘(121101)
软件库	库存商品(1243)
硬件库	库存商品(1243)

(2)存货对方科目，见表 6-15。

表 6-15 存货对方科目

编辑收发类别	对方科目
采购入库	在途物资(1201)
产成品入库	生产成本/直接材料(410101)
材料领用	生产成本/直接材料(410101)
销售出库	主营业务成本(5401)

(3)客户往来科目。

基本科目设置：应收科目为 1131，销售收入科目 5101，应交增值税科目 21710106。

结算方式科目设置：现金结算对应 1001，转账支票对应 100201，现金支票对应 100201。

(4)供应商往来科目。

基本科目设置：应付科目为 2121，采购科目 121101，采购税金科目 21710101。

结算方式科目设置：现金结算对应 1001，转账支票对应 100201，现金支票对应 100201。

3. 期初数据

(1)采购模块期初数据。

12月25日,供应部张伟收到深圳兴盛软件公司开具的专用发票一张,发票号为A001,商品为"学习革命"多媒体光盘,数量400张,单价50元,税率17%,由于天气问题影响运输,光盘于2016年1月1日还未到达。

(2)库存和存货系统期初数据。

12月31日,对各个仓库进行了盘点,结果见表6-16。

表6-16 2015年12月31日库存数据

仓库名称	存货编码	存货名称	数量	单价	总计
材料库	1001	空白光盘	10000	2	20000
材料库	1002	包装纸	100	160	16000
软件库	2001	A软件	500	80	40000
软件库	2002	B软件	200	40	8000
软件库	3001	学习革命	200	60	12000
硬件库	3002	方正电脑	20	6000	120000

(二)日常业务

2016年1月份购销存业务如下:

1.1月2日,供应部张伟向北京方正电脑公司订货一批,货物为方正电脑P4/1.7G,数量为50台,单价为6000元,预计到货日期为本月6日。

2.

(1)1月6日,供应部张伟收到北京方正电脑公司提供的方正电脑P4/1.7G,数量为50台,商品已验收入硬件库。

(2)同时收到专用发票一张,单价6000元,增值税率17%,价税合计351000元。发票号"F001"

(3)1月7日,企业开出转账支票(支票号:ZP001)支付上述款项。

3.1月8日,市场一部赵红收到北京飞宇中学订单一张,订购A软件200套,无税单价200元。预计本月12日发货。

4.

(1)1月12日,市场一部赵红向北京飞宇中学发出A软件200套,无税单价200元,增值税率17%,价税合计为46800元。

(2)同时开出销售普通发票一张。

(3)1 月 14 日，收到北京飞宇中学开出的转支票一张，票号为 ZP002，做收款处理。

5.1 月 15 日，生产部从材料库领用空白光盘 100 张，用于生产 B 软件。

6.1 月 20 日，收到生产部送来的 A 软件 100 套，验收入软件库。

(三)月末结账

分别对采购、销售和库存子系统进行月末结账。

完成后，输出账套。将备份的账套妥善保管。

参考文献

[1]中华人民共和国财政部．小企业会计制度讲解与实务[M]．上海：立信会计出版社，2012

[2]小企业会计准则编审委员会．2013年版小企业会计准则[M]．上海：立信会计出版社，2013

[3]陈风奎等．会计信息化[M]．北京：高等教育出版社，2014

[4]孙万军．会计电算化[M]．北京：清华大学出版社，2011

[5]贺志东．小企业会计准则操作实务[M]．北京：电子工业出版社，2012